探究取向幼兒 STEM 方案課程

設計、教學與評量

辛靜婷、吳心楷 著

心理出版社

目次

作者簡介

辛靜婷

現任：國立清華大學幼兒教育學系副教授
教育部國民及學前教育署原住民族課程發展協作北區中心諮詢委員
國立清華大學世界南島暨原住民族研究中心委員

學歷：美國威斯康辛大學麥迪遜分校課程與教學系幼兒教育組博士（輔修：人類發展與家庭研究學系）
美國密西根大學安娜堡分校教育學院幼兒教育碩士

經歷：國立清華大學研究倫理審查委員會委員
國立臺東大學幼兒教育學系助理教授
美國威斯康辛大學麥迪遜分校附屬托育中心教師
國立政治大學附設實驗學校幼稚園實習教師
臺北縣漳和國中附設幼稚園教師

榮譽：2020、2021 年國立清華大學優良研究學者獎勵
2019 至 2022 年科技部優秀年輕學者研究計畫補助
2017、2018 及 2019 年國立清華大學延攬及留住特殊優秀人才彈性薪資獎勵

吳心楷

現任：國立臺灣師範大學科學教育研究所師大講座教授兼所長
南非約翰尼斯堡大學特聘訪問教授
Journal of Research in Science Teaching 副主編
International Journal of Science and Mathematics Education 總主編

學歷：美國密西根大學安娜堡分校教育學院博士（主修科學教育）

國立臺灣師範大學化學系碩士

經歷：科技部科教發展及國際合作司，科學教育學門召集人

榮譽：2009、2014 及 2017 年行政院科技部傑出研究獎

2008 年美國科學教育學會年輕學者獎（NARST Early Career Award）

2004 年國家科學委員會吳大猷獎

2003 年美國科學教育學會博士論文獎（NARST Dissertation Award）

序

藉著寫序的機會，我（第一作者）得以爬梳自己和共同作者吳心楷教授，在幼兒科學教育的教學與研究經歷。在擔任幼兒園教師期間，是我跨入科學教育的起點，曾設計和執行過幾項科學相關的方案，像是船[1]和火車[2]，帶領幼兒探索為什麼船會浮、如何使用回收物品做一艘會浮的船、認識火車運行的相關概念，並把教室布置成火車旅行的場景。在引導幼兒投入科學和科技探索的過程中，我隨著幼兒學習到許多概念和技能，這些方案同時滿足了幼兒和我對周遭環境事物的好奇心。一如很多幼兒園教師沒有信心執行科學課程，起初我也擔心自己沒有充足的科學概念可以引導幼兒學習，但教學經驗告訴我，在帶領幼兒探究事物的過程中，從來都不是教師已經理解所有相關科學概念才進行教學，教學實踐一如科學實作，其實皆是做中學，透過諮詢專家、查閱資料，與幼兒一同學習。

懷抱著對幼兒科學教育的想法，赴美國攻讀博士之前，我和共同作者吳教授執行了一項小型科學教育研究[3]，探討教師如何透過鷹架策略引導幼兒理解浮沉概念。這項研究發現，比起讓幼兒獨立自由操作，教師使用適當的鷹架策略可以促進幼兒理解浮沉概念，而獨立操作的幼兒反而不易掌握影響物體浮沉的重要因素，此結果也呼應了缺乏引導的發現式學習，對幼兒的科學學習有其侷限。這項研究成果也為我開啟了博士班的大門，順利申請進入美國威斯康辛大學麥迪遜分校就讀。

---

1 辛靜婷（2003）。船為什麼會浮在水面上？**幼教資訊**，**152**，28-31。

2 辛靜婷（2006）。突破教學慣性：一趟帶領孩子探究新事物的深度火車之旅。**幼教資訊**，**192**，36-43。

3 Hsin, C.-T., & Wu, H.-K. (2011). Using scaffolding strategies to promote young children's scientific understandings of floating and sinking. *Journal of Science Education and Technology, 20*(5), 656-666. https://doi.org/10.1007/s10956-011-9310-7

在就讀博士班時，因緣際會，研究主題轉向和讀寫研究有關，同時也開展了我研究生涯中另一項重要關懷：探討多元背景家庭的文化資源和孩童讀寫表現。從博士研究，直到回國後擔任博士後研究員及大學教職，皆不斷累積此主題的研究成果。

和幼兒科學教育路徑再度交會，是2017年至泰國參與一場科學教育的國際研討會，吳教授當時受邀擔任研討會的專題講者，發表針對中等教育階段的科學教育研究成果。在和接待的泰國學者Dahsah教授交流過程中，她得知我有幼兒教育的背景，提及泰國公主在泰國約 1600 多所幼兒園推動幼兒STEM課程，該課程是由德國小科學家之家（Haus der Kleinen Forscher）基金會所發展。這個機緣，讓我和吳教授開始思考跨領域合作的可能，結合彼此在幼兒教育及科學教育的專長，開展幼兒科學教育研究。

此後，我們積極了解國際間在幼兒STEM課程的發展現況，先是連續兩年至德國參與小科學家之家基金會舉辦的幼兒STEM課程工作坊，並參訪小科學家之家幼兒園（約有4800所幼教機構取得認證），也與基金會執行長洽談合作，他們提供已發展8年的主題課程內容給予我們參考，我們也允諾分享在幼兒科學教育研究中仍很缺乏的幼兒科學實作評量工具。其後，亦至泰國及澳洲參訪了小科學家之家幼兒園，及其他進行STEM課程的幼兒園，也在澳洲參訪Fleer教授的概念遊戲研究室（Conceptual Playlab），了解透過故事情境和角色扮演學習STEM概念的課程發展方式。

這些國際間所發展與執行的幼兒STEM課程，帶來了豐富的養分，我們同時思索研發適合臺灣、且有研究證據支持（evidence-based）的幼兒STEM課程。很幸運地，我們在2018年後陸續得到科技部多年期專題研究經費的支持，吳教授獲得特約計畫補助，我也獲得優秀年輕學者獎勵補助。仰賴優秀的研究助理、研究生和博士後研究員的投入，我們陸續執行研究計畫，和幼兒園教師共同設計探究取向的課程模組，並在城市和原住民地區幼兒園施行課程，也發展具效度的評量工具以評估課程成效。同時，我們於國際研討會和期刊發表研究成果，持續和國際幼兒科學教育領域之學者對話。

此書是集結我們四年來的研究成果，內容涵蓋探究取向幼兒 STEM 方案課程之設計、教學與評量。第一章討論幼兒 STEM 教育的定義及重要性，並說明美國及臺灣的課程標準中，期待幼兒達到的科學實作表現；第二章談論「要學什麼？」說明重要的 STEM 教育目標及幼兒科學實作相關研究；第三章討論「要怎麼教？」闡述 STEM 方案課程設計原則；第四章說明我們所發展課程模組的特色和使用指引；第五及六章則呈現根據幼兒科學實作理論架構，及方案課程設計原則所發展的兩個課程模組，分別為陀螺及菇菇家族；第七章則是要探討「幼兒學到了嗎？」聚焦於科學實作的多元評量方式，並特別介紹我們所發展的實作評量工具。

最後，感謝研編團隊每一位成員的努力與付出，若少了這些認真的團隊成員，是無法有如此豐盛的成果，研編團隊名單見第 45 頁。走在幼兒科學教育的路上，感謝同行的夥伴、同事和學友，能夠激盪出對幼兒 STEM 教育的新想法，一起將複雜的科學概念轉化成符合幼兒發展的學習活動和課程。希望讀者可以透過此書獲得啟發，更有自信地實施幼兒 STEM 課程，讓我們一直陪伴讀者在幼兒科學教育之教學與研究創新的路途上攜手前行。

辛靜婷、吳心楷

2021 年 9 月景美溪畔

第一章

幼兒 STEM 教育

一 前言

根據諾貝爾經濟學家 James Heckman 的研究，在幼兒教育階段的投資，對學生未來的影響大於其他受教時期。他應用投資回報率（returns on investment, ROI）的概念，顯示在相同經費挹注下，學前階段的回報率相比於其他學校階段或畢業後的工作訓練都要來得高，突顯學前教育及幼兒教育計畫（preschool program）的重要性（Heckman, 2006）。因此，在多篇論文中，他一再重申學前教育非常值得政府和教育單位的關注和投資（例如：Doyle et al., 2009; Heckman, 2006, 2011）。

Heckman（2006）亦表示，相同的計畫對於不同地區或族群的孩童會有不同的影響，研究發現幼兒教育計畫對低收入、高風險、家庭功能不全等弱勢家庭孩童的正面影響尤為顯著，包括未來較不需要特殊教育、減少重讀或留級、降低高中輟學率等。他認為「就當前資源分配的情況來看，社會過度投資於補救成人的技術發展，而對早期學前階段的投資不足」（At current levels of resources, society overinvests in remedial skill investments at later ages and underinvests in the early years）（Heckman, 2006, p. 1902）。若考量社會正義及社會經濟的發展，政府應加強對幼兒教育的發展與投資。

科學、科技、工程、數學（Science, Technology, Engineering, and Mathematics, STEM）教育為當前各國發展重點，經濟合作暨發展組織（Organisation for Economic Co-operation and Development, OECD）提出的「科學、技術與創新展望報告」（Science, Technology, and Innovation Outlook 2021），顯示各國對STEM教育的重視，以達到科技創新、人才培育並提升經濟的發展。國家教育研究院於2019年公布了《十二年國民基本教育課程綱要》（以下簡稱國教課綱），在此國教課綱中，亦強調學生在科學、數學、生活科技、資訊科技等領域的跨科統整與連結，學習目標則以能力和素養為導向。然而，課綱訂定自然科學領域的課程是從國民小學第二學習階段（三至四年級）正式開始，而科技領域課程則是從國民中學第四學習階段（七至九年級）啟始；相比之下，美國《下一世代科學標準》（Next Generation Science Standards, NGSS）則是將科學與工程教育由學前開始至十二年級（K-12）。雖然「科學、科技、工程、數學」漸為教育的發展重點，以目前臺灣的幼教實務現況而言，由於幼兒階段（3至6歲）認知發展的獨特性，國內幼兒園課程大多專注於培養孩童在六項學習領域的基本能力，包括社會、情緒、身體動作與健康、認知、語文、美感能力，在認知領域中有提到科學能力的培養，但較缺乏系統性和細部的呈現，對符合幼兒發展的科學學習內容也較侷限。

若考量幼兒天生對自然現象的好奇與興趣，及其未來學習成就之發展，STEM教育應向下延伸，將STEM教育納入幼兒教育階段（Eshach & Fried, 2005; French, 2004），以銜接國教內容，才不致於造成學習斷層或忽視了幼兒時期珍貴的學習機會。因此，本書試圖提出幼兒STEM課程的設計原理，呈現STEM活動的教材和教案，並配合具信效度的實作評量結果，呈現有證據支持的有效幼兒STEM課程，增進孩童對STEM的認知發展，以順利銜接未來的就學階段。

二　定義

STEM 包含四個主要領域：科學、科技、工程、數學。STEM 一字正是由此四個領域英文單字的第一個字母組成，於 2001 年由美國國家科學基金會（National Science Foundation）第一次提出。而近年來教育學者強調STEM課程是整合科學、科技、工程、數學領域的內容和技能之課程，活動中至少運用兩個以上領域的內容和技能（Helm & Katz, 2016; Moomaw, 2013）。四個領域在幼兒科學教育可應用的主題和概念，簡述如下。

（一）科學領域

科學領域可分為三個面向，分別為物質科學（physical sciences）、生命科學（life sciences）、地球與太空科學（earth and space sciences）（Moomaw, 2013; National Research Council, 2013）。

1. 物質科學

物質科學通常涉及物理和化學內容，例如：物質的特徵及變化、物體的運動、影響物體的力和能量等。在幼兒 STEM 教育中，探討物質的特徵通常會關注其重量、外型、尺寸、材質、顏色、形式、溫度等，亦或探究物質的變化，例如：水的三種形態、熱度造成的物質改變、氧化過程等。物體的運動則包含了解物體能否被舉起、被推動、可否被吹動，或浮在水面上。而影響物體的力是指磁力、彈力、離心力、重力、慣性力等不同力。

2. 生命科學

生命科學是對生物進行研究，主要探究植物、動物與微生物等。在幼兒 STEM 教育中，生命科學常包含的活動有：覺察植物及動物在生長過程中的改變、比較有生命及無生命物體之差異，以及了解不同植物或動物的需求，例如：所需的水、食物、空氣、天氣、土地等。此外，細菌、病毒等肉眼看不到的微生物，也和幼兒生活息息相關，例如：感冒是由病毒所引起，新冠病毒在全世界引發疫情，或是優酪乳是透過細菌將牛奶發酵而成，都是很好的探究主題。

3. 地球與太空科學

地球科學主要圍繞在學習地球的組成，以及隨著時間的改變，內容可以包括認識地球上的物質，如石頭、貝殼、土壤等；觀察氣候的轉變，如天氣、季節、侵蝕等現象，也可以探討個人行為如何影響地球樣貌和變化。太空科學則可探究日夜模式、光的現象（如影子、反射），也可觀察太空中的太陽、月亮、星星等星球。另外，也可了解太空人、太空船、火箭、衛星等相關主題。

（二）科技領域

讓生活或探索更為便利的工具和技術都屬於科技領域，在幼兒STEM課程中能使用的科技包含生活常使用的簡易工具和學習科技（Helm & Katz, 2016; Hsin et al., 2014; Kelley & Knowles, 2016; Moomaw, 2013）。以下分別說明。

1. 日常及簡單工具

在探究過程中，幼兒可使用日常及簡單工具以輔助其探究歷程。日常可得的工具，如剪刀、膠帶、鏡子、鉗子；廚房用具，如削皮刀、缽和杵、秤、溫度計、計時器、量杯、篩子、漏斗；也可使用簡易的科學探究工具，如放大鏡、顯微鏡、滴管；以及使用簡單的機械工具，如齒輪、滑輪、斜坡、楔形器於設計裝置。

2. 學習科技

學習科技意指可協助學習活動之相關工具，幼兒可藉由學習資訊科技（如電腦、平板、智慧型手機、程式軟體）、多媒體（如電子書、影片、電視節目）、電子設備（如電子白板、機器人）、相關技術或方法（如搭建積木技術），以促進幼兒對科學的理解、工程的設計，或技術的運用。

（三）工程領域

STEM 課程中的工程領域為應用數學或科學的知識，以研究、開發、設計可使用的產品、系統或方法。在幼兒教育階段，希望利用工程設計（engineering design）取向來促進幼兒的解決問題能力，意即讓幼兒發現生活中的問題，然後運用 STEM 相關知識、工具和技能，在過程中不斷開發、設計、測試，以找到最佳解決的辦法（Kelley & Knowles, 2016; National Research Council, 2012）。

（四）數學領域

數學領域涉及多種類型，包含數字、代數學、幾何學、測量、資料分析（Moomaw, 2013）。在幼兒 STEM 課程中，透過數字的使用，可以進行量化、比較、計數、排序、加減、分配，亦可學習分類、辨認模式、分析問題。數學領域也包含學習形狀、空間關係、位置、二維及三維的物體。另外，亦能透過測量來表達不同測量的結果，如聲量、重量、長度等，比較其結果及應用。最後，透過數字的使用，幼兒可以蒐集資料，使用投票或圖表的方式統整訊息，來提出或回答問題。

三 重要性

將 STEM 教育納入幼兒教育階段的優勢和重要性為何？Clements 與 Sarama（2016）指出，幼兒學習STEM的知識和技能，對未來各領域的發展皆有助益，例如：幼兒在數學的表現可預測日後的語文能力。除此之外，他們更發現幼兒很適合學習 STEM，幼兒對 STEM 活動會展現高度興趣，而且在活動中進行的思考比想像中還更廣泛且深入。因此，愈來愈多研究提出 STEM

課程整合科學、科技、工程、數學領域的內容和技能，讓幼兒在生活情境中探索，提出探究問題及發現須解決的工程問題（Helm & Katz, 2016; Moomaw, 2013），有助於培養幼兒的科學與工程實作（science and engineering practices）（National Research Council, 2012），讓幼兒準備好在小學及之後階段的學習，並能在日後從事 STEM 相關工作和研究，以及適應未來劇烈改變的生活和工作型態（Moomaw, 2013）。

而 STEM 教育能否順利納入幼兒教育階段，教師扮演非常關鍵的角色。在幼教師資培育和專業成長過程中，多半未要求職前或在職幼兒園教師修習科學科目相關內容，文獻顯示大多數的幼兒園教師對於教授科學缺乏信心且學科知識薄弱（Garbett, 2003; Garbett & Yourn, 2002），而且幼兒園教師對科學教學的自我效能偏低，覺得沒有能力和知識教導幼兒科學（Greenfield et al., 2009; Pendergast et al., 2017）。然而，幼兒園教師的態度和信念對其實施科學課程有極大的影響，他們對教授科學的自我效能和進行科學教學的頻率有顯著關聯（Gerde et al., 2018; Saçkes, 2014）。為增進幼兒園教師在科學教學方面的知能，研究者發現透過專業成長課程教導教師以探究為基礎的科學方法，對教師教科學的態度和信念有正面影響，也同時增進教師對如何進行探究的知識和技能，讓他們順利教導科學探究（Choi & Ramsey, 2009）。再者，Saçkes 等人（2011）的長期研究指出，提高幼兒科學教材的容易取得程度（availability of science materials in kindergarten classroom），能夠促進幼兒園教師的科學教學及孩童在科學活動的參與。可見透過專業成長的機會和提供幼兒科學教材，能夠協助教師克服施行 STEM 教學的挑戰，所以本書目的之一為提供優質的幼兒科學教材，希冀將 STEM 教育帶入幼兒園，並促進幼兒園教師對科學教學的自我效能和教學內容知識。

四　STEM 教育與各國課程標準

STEM 教育受到許多國家的重視，並在課程標準或課綱中明訂預期學生達到的科學實作表現。以下介紹美國的科學標準，以及臺灣在幼兒及國小階段有關科學實作的課綱內容。

（一）美國《下一世代科學標準》（NGSS）

美國國家研究委員會於 2013 年提出《下一世代科學標準》（NGSS），此標準涵蓋了三向度的學習目標：科學與工程實作（science and engineering practices）、跨科概念（crosscutting concepts）、領域核心想法（disciplinary core ideas）。其中的科學與工程實作，擴充了過去常見的過程技能（process skill）或是科學探究（inquiry）的用語，改用「實作」一詞來說明科學探查所含的知識和技能。使用「科學與工程實作」一詞同時強調科學探究和工程設計的重要，且強調在進行科學調查時，不僅需要技能，還需要具備科學和工程知識，並能在情境下使用這些技能和知識（National Research Council, 2013）。

NGSS 提出八項科學與工程實作，以下針對學前到二年級（K-2）的幼兒階段進行細部描述：

1. 提出問題（question，針對科學）和定義疑難（problem，針對工程）：以先前的經驗為基礎提出問題和定義疑難，並逐步發展為可調查的問題或可解決的疑難。
2. 發展和使用模型（models）：建立在先前的經驗和進展的基礎上，能使用和開發模型（包括圖表、繪畫、實體複製品、立體實境模型、戲劇、故事解說板等），來代表具體事件或設計解決方案。
3. 計畫和執行調查（investigation）：以先前的經驗為基礎，能在引導下規劃並進行觀察、比較、測量、預測等步驟，且能使用觀察和測量工具／物品或方法，利用公平測試進行簡單調查，並提供數據以支持解釋或設計解決方案。
4. 分析和詮釋數據：記錄和分享訊息、觀察、想法和理念，將預測（基於先前的經驗）與發生的事情（可觀察到的事件）進行比較，分析測試資料。

5. 使用數學和運算思維（computational thinking）：決定何時使用質性與量化數據；使用量化資料去計量、測量、呈現資訊，以及比較不同的解決方式；使用簡單的圖形顯示數據。
6. 建構解釋（針對科學）和設計解決方案（針對工程）：使用觀察等證據建立對自然現象的解釋；使用工具和／或材料來設計、測試，以及找出最佳的解決方案。
7. 以證據進行論證：能辨識出有證據支持的論證，分析哪些證據和問題有關，能建立有證據支持的陳述，或能陳述證據支持的有效工具／物品／解決方案。
8. 獲取、評估和溝通資訊：能閱讀及獲取各種文本資訊（如模型、繪圖、文字或數字）和產出文本，能與他人溝通新的科學訊息、設計科技的想法、解決問題的方案。

（二）幼兒課程大綱

教育部於 2017 年開始施行的《幼兒園教保活動課程大綱》（以下簡稱《幼兒園課綱》），其中的認知領域為培養幼兒對生活環境的探索和訊息處理能力（教育部，2017）。《幼兒園課綱》中的認知領域提出幼兒需要具備的三項能力為：蒐集訊息、整理訊息、解決問題。「蒐集訊息」包含蒐集生活環境中的數學、自然現象、文化產物之訊息，幼兒透過感官、工具測量及記錄等方式蒐集訊息。「整理訊息」是將蒐集到的訊息加以分析整理，可以透過歸納、分類、比較、找出關係、序列與型式、合成與分解或圖表等將訊息整理出脈絡。而「解決問題」能力的培養在於幼兒發現問題後，能設計實驗或和他人討論協商以找出解決問題的方法。「蒐集訊息」涵蓋其中的探索與觀察現象、提出有興趣的問題、資料蒐集中的測量；「整理訊息」包括了資料蒐集或記錄結果、分享和討論結果；「解決問題」涉及進行實驗或操作、分享和討論結果。然而，若將《幼兒園課綱》的內容與上述文獻做比較，可發現《幼兒園課綱》認知領域的領域目標至少有以下三項限制：

1. STEM 探究的範圍較顯侷限：細看《幼兒園課綱》在探究自然現象上的學習指標可發現，其探究範圍較為偏重生物樣態，例如：探究動植物的生長與特徵、觀察自然現象的特徵、比較動植物特徵的差異、自然現象的分類與命名、討論動植物和自然現象與生活的關係。較為缺乏更廣泛的物質科學、地球與太空科學、科技工程領域，這些領域許多內容是《幼兒園課綱》中沒有提及和細分的。
2. 較缺乏詳細的 STEM 探究歷程說明：《幼兒園課綱》的課程目標及學習指標呈現方式，較無法完整呈現 STEM 探究的步驟和歷程之細節（例如：針對探究問題預測問題結果、規劃和執行調查、分析和詮釋數據、以證據進行論證），較難提供教師設計 STEM 課程的資源以及培養幼兒探究能力之準則。
3. 對於如何幫助幼兒發展科學與工程實作的描述較為簡略：對於教師如何運用教學設計和策略以促進幼兒展現科學與工程實作，較少說明，例如：如何了解幼兒的先備經驗，以協助其形成針對探究問題之答案的預測、如何引導幼兒描述所觀察之事物、如何協助幼兒討論研究結果，是較少著墨之處。

（三）十二年國民教育課綱

國家教育研究院公布的《十二年國民基本教育課程綱要》中，在自然科學領域，探究能力被視為重要的學習表現之一（教育部，2018），涵蓋了八項能力：想像創造、推理論證、批判思辨、建立模型、觀察與定題、計畫與執行、分析與發現、討論與傳達。

考量課程的銜接性和幼兒科學與工程實作的發展，本書整合國教課綱中的探究能力與 NGSS 欲推動的科學與工程實作，以做為國教階段的學習表現之基礎（如表 1-1 所示），例如：觀察與定題，分別可對應「探索與觀察現象」以及「提出有興趣的問題」兩項活動。有了「進行實驗或操作」的基本能力，在未來的計畫與執行，可發展更深入的設計實驗、辨識變因的能力。同樣的，幼兒階段培養的「資料蒐集或記錄結果」能力，可以做為未來分析資料能力的基礎。

表 1-1
幼兒科學與工程實作架構及內容之比較

本書之探究實作	科學與工程實作	《幼兒園課綱》 認知領域	與國民教育 探究能力之連結
探索與觀察現象	探索實作 觀察實作	蒐集訊息	觀察與定題：提出預測
提出有興趣的問題	提問實作	蒐集訊息	觀察與定題：確認問題
進行實驗或操作	實驗實作 操作實作	解決問題	計畫與執行：設計實驗、辨識變因
資料蒐集或記錄結果	測量實作 記錄實作	蒐集訊息 整理訊息	分析與發現：分析資料
分享和討論結果	分享實作 表達實作	整理訊息 解決問題	推理論證：運用證據

參考文獻

教育部（2017）。幼兒園教保活動課程大綱。作者。

教育部（2018）。十二年國民基本教育課程綱要（國民中小學暨普通型高級中等學校）：自然科學領域。作者。

Choi, S., & Ramsey, J. (2009). Constructing elementary teachers' beliefs, attitudes, and practical knowledge through an inquiry-based elementary science course. *School Science and Mathematics, 109*(6), 313-324. https://doi.org/doi:10.1111/j.1949-8594.2009.tb18101.x

Clements, D. H., & Sarama, J. (2016). Math, science, and technology in the early grades. *Future of Children, 26*(2), 75-94. https://doi.org/10.1353/foc.2016.0013

Doyle, O., Harmon, C. P., Heckman, J. J., & Tremblay, R. E. (2009). Investing in early human development: Timing and economic efficiency. *Economics & Human Biology, 7*(1), 1-6. https://doi.org/10.1016/j.ehb.2009.01.002

Eshach, H., & Fried, M. N. (2005). Should science be taught in early childhood? *Journal of Science Education and Technology, 14*(3), 315-336. https://doi.org/10.1007/s10956-005-7198-9

French, L. (2004). Science as the center of a coherent, integrated early childhood curriculum. *Early Childhood Research Quarterly, 19*(1), 138-149. https://doi.org/10.1016/j.ecresq.2004.01.004

Garbett, D. (2003). Science education in early childhood teacher education: Putting forward a case to enhance student teachers' confidence and competence. *Research in Science Education, 33*(4), 467-481. https://doi.org/10.1023/b:rise.0000005251.20085.62

Garbett, D., & Yourn, B. R. (2002). Student teacher knowledge: Knowing and understanding subject matter in the New Zealand context. *Australian Journal of Early*

Childhood, 27(3), 1-7. https://doi.org/10.1177/183693910202700302

Gerde, H. K., Pierce, S. J., Lee, K., & Van Egeren, L. A. (2018). Early childhood educators' self-efficacy in science, math, and literacy instruction and science practice in the classroom. *Early Education and Development, 29*(1), 70-90. https://doi.org/10.1080/10409289.2017.1360127

Greenfield, D. B., Jirout, J., Dominguez, X., Greenberg, A., Maier, M., & Fuccillo, J. (2009). Science in the preschool classroom: A programmatic research agenda to improve science readiness. *Early Education and Development, 20*(2), 238-264. https://doi.org/10.1080/10409280802595441

Heckman, J. J. (2006). Skill formation and the economics of investing in disadvantaged children. *Science, 312*(5782), 1900-1902. https://doi.org/10.1126/science.1128898

Heckman, J. J. (2011). The economics of inequality: The value of early childhood education. *American Educator, 35*(1), 31-35, 47.

Helm, J. H., & Katz, L. G. (2016). *Young investigators: The project approach in the early years* (3rd ed.). Teachers College Press.

Hsin, C.-T., Li, M.-C., & Tsai, C.-C. (2014). The influence of young children's use of technology on their learning: A review. *Educational Technology and Society, 17*(4), 85-99. http://www.ifets.info/journals/17_4/6.pdf

Kelley, T. R., & Knowles, J. G. (2016). A conceptual framework for integrated STEM education. *International Journal of STEM Education, 3*(1), 11. https://doi.org/10.1186/s40594-016-0046-z

Moomaw, S. (2013). *Teaching STEM in the early years: Activities for integrating science, technology, engineering, and mathematics*. Redleaf Press.

National Research Council. (2012). *A framework for K-12 science education: Practices, crosscutting concepts, and core ideas*. National Academies Press.

National Research Council. (2013). *Next generation science standards: For states, by states*. National Academies Press.

Pendergast, E., Lieberman-Betz, R. G., & Vail, C. O. (2017). Attitudes and beliefs of prekindergarten teachers toward teaching science to young children. *Early Childhood Education Journal, 45*(1), 43-52. https://doi.org/10.1007/s10643-015-0761-y

Saçkes, M. (2014). How often do early childhood teachers teach science concepts? Determinants of the frequency of science teaching in kindergarten. *European Early Childhood Education Research Journal, 22*(2), 169-184. https://doi.org/10.1080/1350293X.2012.704305

Saçkes, M., Trundle, K. C., Bell, R. L., & O' Connell, A. A. (2011). The influence of early science experience in kindergarten on children' s immediate and later science achievement: Evidence from the early childhood longitudinal study. *Journal of Research in Science Teaching, 48*(2), 217-235. https://doi.org/10.1002/tea.20395

第二章

探究取向幼兒 STEM 課程的學習目標

規劃與進行幼兒 STEM 課程時須考量課程的學習目標，其中一項重要的目標是增進幼兒的科學與工程實作。前一章提到美國及臺灣課程標準中的科學與工程實作，過去研究也使用不同的詞彙和概念討論相關實作，其中科學過程技能（science process skills）和科學與工程實作有高度關聯。此外，在科學實作中，實驗、系統性觀察、使用工具與測量相較其他實作已得到更多研究者的關注。以下介紹幼兒科學實作相關研究。

一　幼兒科學實作相關研究

（一）科學過程技能

Jirout 與 Zimmerman（2015）提到，過程技能包括提問、進行調查（如實驗）、詮釋和評估證據、形成解釋、溝通調查結果。許多研究者已發展多種幼兒科學課程，以推動幼兒的科學過程技能。舉例來說，Tekerci 與 Kandir（2017）發展了一套感官取向的科學教育課程，以加強 5 歲幼兒的科學過程技能，包含觀察、比較、分類、測量、記錄、溝通、推論與預測。研究者發現，與控制組相比，實驗組幼兒的科學過程技能得到提升。

為了培養幼兒解決問題的能力及科學過程技能，Unal與Saglam（2018）發展「數學與科學大探索」（Great Explorations in Math and Science）課程，相關的科學過程技能包括提問、建立假設、蒐集及分析資料、進行推論。結果顯示，參與課程的實驗組幼兒在解決問題的表現上比控制組更加優越，但在科學過程技能的表現則和沒有參加課程的幼兒相同。

Samarapungavan 與他的同事發展了「科學素養計畫」（Science Literacy Project），設計適合在幼兒園進行的探究取向科學單元課程，以促進幼兒園的科學教學與學習（Mantzicopoulos et al., 2013; Samarapungavan et al., 2009; Samarapungavan et al., 2011），並以培養幼兒科學探究實作為此計畫的重要教學目標之一。該計畫評量幼兒的科學過程技能，包括提出科學問題、提出預測、評估並詮釋證據、使用工具來蒐集、記錄分享資料。這個研究團隊設計不同的情境來探討科學探究課程對幼兒學習科學過程技能的效果，例如：Mantzicopoulos等人（2013）在研究中比較參與計畫所設計探究活動的幼兒，和參與一般科學活動的幼兒在科學過程技能表現上的差異；Samarapungavan 等人（2011）則將幼兒分為在教室與家裡參與探究取向科學活動、只有在教室參與探究取向科學活動，以及在教室參與一般科學活動三組。結果顯示，兩個研究中的實驗組幼兒，即參與探究取向科學活動的幼兒（相較於參與一般科學活動），以及在教室與家裡參與探究取向科學活動的幼兒（相較於僅在教室參與探究科學活動，以及參與一般科學活動），在科學過程技能上都得了到較高分。

另一個科學課程為「科學啟始！」（Science Start），此課程之目的為促進幼兒語言發展及科學過程技能，如提問、計畫、預測、觀察、分類、說明過程及結果（French, 2004）。雖然課程涵蓋了廣泛的科學過程技能，但研究中只評估幼兒的「現象觀察」及「因果關係的解釋」之技能（Peterson, 2009; Peterson & French, 2008）。

綜合分析過去針對幼兒的科學課程研究發現，大多數仍是以 5 歲以上幼兒為主，針對 4 歲以下的課程實證研究較少。此外，課程多採用主題（theme-based）方式進行，為彌補對更年幼幼兒科學課程的不足，以及呈現更多元的幼兒 STEM 課程取向，本書所撰寫的課程模組適合 4 至 6 歲幼兒（見第五、六章），同時使用方案課程取向來設計課程（見第三章）。

（二）實驗

實驗涉及辨認、控制及操縱變因，是重要的科學實作之一（Jirout & Zimmerman, 2015; Van der Graaf et al., 2015），研究者之間長期辯論幼兒是否有進行實驗的能力。某些研究者認為幼兒一直要到 7 或 8 歲才能辨認、說明及操作實驗（Bullock & Ziegler, 1999; Piekny & Maehler, 2013; Sodian et al., 1991）；相反的，近期有關幼兒對變因的控制（control of variables）相關研究顯示，藉由科技及成人的協助，4、5 歲的幼兒可以操縱變因來完成任務。

Van der Graaf 等人（2016）使用電腦遊戲測驗幼兒對變因的控制策略，該遊戲要解決的問題是要用溜滑梯、蹺蹺板或擺錘三種器具餵食飢餓的河馬，玩遊戲的幼兒必須控制各個器具，讓食物可以送進河馬的嘴裡，例如：要將食物放在溜滑梯的哪個位置，可以讓食物順利送到河馬嘴裡。此研究發現，幼兒在電腦遊戲情境下可以順利控制變因。他們另一個相關研究發現，在成人口語的輔助下，4 歲及 5 歲幼兒可以設計出多變因的實驗（Van der Graaf et al., 2015）。在此研究中，透過操作斜面與球，研究者請幼兒回答關於球在斜坡上可以滾多遠的問題。幼兒可以設定四個變因：球的重量、起跑門的位置、斜面的表面材質、斜面的坡度。以完成一個操縱變因（球的重量）之任務為例，施測員問幼兒：若想知道「較輕的球還是較重的球滾得比較遠」要怎麼進行實驗。當幼兒正確完成任務，研究者會向幼兒解釋其正確進行了實驗中的操縱和控制變因；若幼兒沒有正確完成任務，施測員則告訴幼兒正確的實驗設計，並請幼兒進行實驗及解釋實驗結果，之後讓幼兒進行另一項操縱變因的任務。他們的研究發現，在成人口語輔助下，所有幼兒都可以完成一個操縱變因的實驗，但隨著任務的操縱變因個數變多（例如：想知道「球的重量」和「斜面的坡度」同時對球能滾多遠的影響），能正確完成任務的幼兒就愈來愈少。

教師在科學活動中引導幼兒專注在關鍵的變因，也有助於幼兒進行實驗的實作。Dejonckheere 等人（2016）發展了十五個科學活動，安排 57 位 4 至 6 歲幼兒在實驗組。在實驗組課程中，教師先讓幼兒自由探索素材，並在當中提出問題，以幫助幼兒聚焦在有因果關聯及無因果關聯的變因上。此課程進行的前後，研究者針對實驗組和控制組幼兒進行任務測驗，了解幼兒控制變因策略能力的發展。比較實驗組和控制組前後測的資料發現，實驗組比控制組的幼兒進行了較多有意義之測試，例如：實驗組幼兒傾向每次只測試一個變因。

結合上述研究中提到教師以口語輔助或提問方式協助幼兒指認實驗變因的重要性，本書第五及六章之課程模組提供教師建議問題。透過教師提問，讓幼兒了解陀螺及菇類實驗中的控制變因及操縱變因，也讓幼兒理解，在控制某些變因下，實驗的結果才是來自操縱變因的影響。以「陀螺」課程模組中的一項實驗為例，若幼兒想知道「力臂長短不同的陀螺，哪個轉得比較久」，教師要引導幼兒思考怎麼比賽比較公平，讓幼兒知道除了陀螺的力臂長短不一樣之外，這些陀螺需要在一樣的表面、使用一樣的力度去轉動，且陀螺要有一樣的重量，這樣設計的比賽比較公平，才可以知道陀螺轉動的時間是來自力臂長短的影響，而不是其他因素。以「菇菇家族」課程模組為例，為了要知道「在不同溼度成長的菇類，哪個長得比較快」，就要讓幼兒了解要控制菇類的透光度、每日水量、菌種，才能公平比較溼度對菇類生長的影響。

（三）系統性觀察

除了實驗以外，系統性觀察也是幼兒在進行科學探究時的關鍵實作。幼兒透過系統性觀察蒐集相關資料，以回答科學問題、驗證假設或預測（Gelman & Brenneman, 2012; Monteira & Jiménez-Aleixandre, 2016; National Research

Council, 2012）。系統性觀察是藉由五種感官來觀察、比較或對比生物、物體或現象的重要特徵（Gelman & Brenneman, 2004, 2012）。科學家會詳細描述觀察到的細節，也可能會分類所觀察的生物、物體或現象。以生物的觀察實作為例，學生除了投入觀察生物特徵及進行分類，也要回答更加深入的問題，例如：生物的生存條件、功用及演化上的意義（Borgerding & Raven, 2018; Eberbach & Crowley, 2009）。另一個系統性觀察的例子是，當幼兒探索一個物品時，他們能觀察其特徵，並按照不同的特質（properties），如浮力（會浮或沉）、行動（可轉動或不能轉動）、材質（粗或滑）、重量（輕或重）等進行分類（Gelman & Brenneman, 2012）。

過去對於幼兒觀察實作的實證研究相當有限，且大多聚焦於觀察實作中的分類活動。當中，Borgerding與Raven（2018）曾舉辦科學營隊，幫助 3 至 6 歲幼兒學習化石及相關概念。研究發現透過這個科學營隊，幼兒可以學會找到化石的地點及化石的特徵。研究者也評量在參與營隊後，幼兒是否能針對生物及非生物進行分類，或是分辨化石與近代石頭或骨頭之差異。研究顯示，5 歲及 6 歲的幼兒可以正確分類生物及非生物；然而，大部分幼兒對於如何將物品分類成化石與近代石頭或骨頭則有些困難。另一個是 Kirkland 等人（2015）所進行的幼兒系統性觀察實作研究，探討研究者設計的介入活動是否能幫助幼兒進行分類，分類被視為是系統性觀察的重要實作。此研究透過兩個分類任務進行評量，分別為自由分類及二分法。幼兒在自由分類任務中，使用較少的類別（如顏色、形狀、體積）去區分研究者所提供的物品則能得到較高分，或是在二分法任務中，用較多的類別去二分研究者所提供的物品則能得到較高分。研究者發現，經過介入的活動，大部分實驗組幼兒的分類實作表現比對照組幼兒優秀。

為了培養幼兒系統性觀察的實作表現，本書在第五及六章所發展的課程模組，可以讓教師參閱，以引導幼兒進行系統性觀察物體特徵。以「陀螺」課程模組為例，教師請幼兒分類教師準備及幼兒從家中帶來的陀螺，幼兒可以用陀螺的形狀、大小、顏色、材質，以及動力來源來進行分類。此外，教師也可以引導幼兒觀察影響陀螺轉動持久度及速度的重要物體特質，如重量、重心的高度、力臂的長度、地面材質。再以「菇菇家族」課程模組為例，教師可以引導幼兒系統性觀察不同種類的菇類特徵，請幼兒細部描述及記錄觀察到的特徵，同時運用特徵進行菇類的分類。教師也可以引導幼兒觀察重要的氣候特徵（如溼度、透光度）對菇類生長的影響。

（四）使用工具與測量

使用適當的工具進行調查是一項重要的科學實作。Samarapungavan 等人（2009）發展了一套「科學學習評量」（Science Learning Assessment），以評估幼兒對於科學探究過程的了解程度。部分評量試題為檢測幼兒是否知道在特定情境下，要使用什麼工具來進行科學調查，例如：幼兒會被詢問「使用什麼工具可以讓你記得你所看的事物」，幼兒要從筆記本、放大鏡和計時器中選擇出正確的工具；或是「什麼工具可以讓你看很小的東西，像是昆蟲」，幼兒要從顯微鏡、溫度計、電子秤中選出正確的工具。有一些研究在讓幼兒參與科學探究活動後，運用此量表評估幼兒科學探究實作表現，他們的研究發現，在介入課程後，幼兒在使用工具之實作表現上有進步（例如：Samarapungavan et al., 2011）。

另一個重要的科學實作是測量。Solomon 等人（2015）發現，幼兒通常難以理解尺是一組可計算的區間單位。當要測量物體的長度時，若需要測量的物體之左邊邊界沒有與尺上的數字 0 對齊，幼兒通常會得出錯誤的長度；反之，若有對齊，則較容易給出正確的長度數字。研究者解釋，可能的原因是幼兒的抑制控制（inhibitory control）發展尚未成熟，較依賴表面的特徵來判斷。該研究發現給教學上帶來的啟發是，幼兒因為認知能力上的限制，需要教師更多的指導以正確操作工具和進行測量。在本書的兩個課程模組中，教師示範教導幼兒如何使用計時器來測量及讀出和紀錄計時器顯示的時間，也教導幼兒使用尺來測量菌柄的長度和菌蓋的直徑，以及如何閱讀尺的刻度所顯示的長度。另外，教師也引導幼兒使用非制式單位（單位積木）來測量陀螺力臂的長度，例如：力臂的長度是三個單位積木長。

二　幼兒科學實作

綜合美國 NGSS 及臺灣幼兒課程標準，加上幼兒科學實作相關研究，本書指出針對 4 至 6 歲幼兒的六項科學實作，作為發展本書課程模組（第五、六章）及評量幼兒實作（第七章）的根據。六項主要科學探究實作分別為探索（explore）、提問（question）、預測（predict）、規劃（design）、執行（investigate）、溝通（communicate）。各主要實作下有細分各項次實作，探索下有初步觀察（make initial observations）及初步嘗試（do initial testing）兩項次實作；提問下有三項次實作，分別為辨識科學問題（identify a science question）、提出科學問題（ask a science question）、精緻化問題（refine a question）。科學問題指的是含科學內容，可以用觀察、實驗、資料蒐集等方式被驗證的問題；預測可分為提出預測（make predictions）及聚焦（focus on key ideas）兩項次實作；規劃可細分為計畫（make a plan）及設計（design procedures）兩項次實作；執行則可再細分為六項次實作，包括系統性觀察（make systematic observations）、資料蒐集（seek information）、操作（employ equipment and tools）、測量（measure）、記錄（record）、實驗（experiment）；最後一項主要實作是溝通，依單向或雙向溝通分為分享（share）及討論（discuss）兩項次實作。表 2-1 整理出各實作之說明及定義。

表 2-1
幼兒科學實作一覽表

主要實作	說明	次實作	說明
探索	注意到生活中感到有興趣或疑惑的現象，並運用感官去觀察或嘗試。	EO 初步觀察	應用不同的感官去注意及感受生活周遭的現象，並具體說出看到的現象或變化。
		ET 初步嘗試	能依照自身的興趣去觀察生活周遭的現象，進而產生疑問，並動手操作或測試。
提問	依照在探索中所觀察到的現象或嘗試的結果，提出問題。	QI 辨識科學問題	從已提供的問題中，挑選可（透過觀察或實驗）被科學驗證的問題。
		QA 提出科學問題	根據觀察到的現象，提出有意義且是可（透過觀察或實驗）被科學驗證的問題。
		QR 精緻化問題	根據先備經驗（prior experience）或已知的知識，修改問題內容，讓問題更完整（使變因更具體、使用科學語言，或使問題可被驗證）。
預測	結合先備經驗或知識，預想可能會發生的狀況。	PP 提出預測	結合先備經驗或知識，針對提出的問題，說明自己認為可能的答案或結果（提出多種可能的答案或解釋）。 〔發散（divergent）〕
		PF 聚焦	從眾多可能的答案或解釋之中，挑選出最有可能的答案，並決定問題中可能涉及的因素，以進行之後的規劃。 〔收斂（converge）、教師協助學生聚焦〕
規劃	決定探究活動中所需的設備與器材，列出施行的步驟，並辨識所有變因。	DP 計畫	決定探究活動中所需要的材料、設備和工具。若採小組活動，應當作人力資源的分配。
		DD 設計	決定探究活動中的施行步驟，包含說明任務進行的順序、了解需要的觀察和測量、（若需要進行實驗）辨識控制變因和操縱變因、判斷資料的可行性以回答問題。

表 2-1
幼兒科學實作一覽表（續）

主要實作	說明	次實作	說明
執行	進行一連串的觀察、資料蒐集與實驗，以找出問題的答案。	IO 系統性觀察	依特定目的（與問題的答案有關或是蒐集資料的一部分），聚焦在特定事物或現象的細節特徵，有計畫性的去注意事物或現象的變化，觀察過程可包含分類、比較、識別和命名。
		II 資料蒐集	能夠透過各種管道（書籍、影像、實地拜訪、訪問專家等）找到與問題相關的資訊。
		IT 操作	能夠正確使用相關且合適的設備與工具，來進行探究活動。
		IM 測量	利用適切的設備與工具，並結合數字判讀得知某特定物品的可量化特質，如大小、長度、重量等。
		IR 記錄	能夠利用單一表徵或多元表徵（包含圖像、文字、符號、相片、模型、戲劇），描述或記下所蒐集到的訊息或探究結果。
		IE 實驗	透過控制與操縱不同的變因，以了解變因對結果的影響。
溝通	在整個探究過程中，不論是對組內成員或是組外其他人，利用相關證據去說明歷程、想法、觀察到的現象和問題的答案。	CS 分享	根據證據，將自己的探究歷程、資料、想法、結果，透過各種具體、書面或口語的形式呈現給他人知道。（單向）
		CD 討論	針對共同感興趣的特定主題或概念，與他人互相將自己的想法解釋給彼此，並延伸更多可能的答案。（雙向）

參考文獻

Borgerding, L. A., & Raven, S. (2018). Children's ideas about fossils and foundational concepts related to fossils. *Science Education, 102*(2), 414-439. https://doi.org/10.1002/sce.21331

Bullock, M., & Ziegler, A. (1999). Scientific reasoning: Developmental and individual differences. In F. E. Weinert & W. Schneider (Eds.), *Individual development from 3 to 12: Findings from the Munich longitudinal study* (pp. 38-54). Cambridge University Press.

Dejonckheere, P. J. N., De Wit, N. L., Van de Keere, K., & Vervaet, S. (2016). Exploring the classroom: Teaching science in early childhood. *European Journal of Educational Research, 5*(3), 149-164. https://doi.org/10.12973/eu-jer.5.3.149

Eberbach, C., & Crowley, K. (2009). From everyday to scientific observation: How children learn to observe the biologist's world. *Review of Educational Research, 79*(1), 39-68. https://doi.org/10.3102/0034654308325899

French, L. (2004). Science as the center of a coherent, integrated early childhood curriculum. *Early Childhood Research Quarterly, 19*(1), 138-149. https://doi.org/10.1016/j.ecresq.2004.01.004

Gelman, R., & Brenneman, K. (2004). Science learning pathways for young children. *Early Childhood Research Quarterly, 19*(1), 150-158. https://doi.org/10.1016/j.ecresq.2004.01.009

Gelman, R., & Brenneman, K. (2012). Moving young "scientists-in-waiting" onto science learning pathways: Focus on observation. In J. Shrager & S. Carver (Eds.), *The journey from child to scientist: Integrating cognitive development and the education sciences* (pp. 155-169). American Psychological Association.

Jirout, J., & Zimmerman, C. (2015). Development of science process skills in the early childhood years. In K. C. Trundle & M. Saçkes (Eds.), *Research in early childhood science education* (pp. 143-165). Springer.

Kirkland, L. D., Manning, M., Osaki, K., & Hicks, D. (2015). Increasing logico-mathematical thinking in low SES preschoolers. *Journal of Research in Childhood Education, 29*(3), 275-286. https://doi.org/10.1080/02568543.2015.1040901

Mantzicopoulos, P., Patrick, H., & Samarapungavan, A. (2013). Science literacy in school and home contexts: Kindergarteners' science achievement and motivation. *Cognition and Instruction, 31*(1), 62-119. https://doi.org/10.1080/07370008.2012.742087

Monteira, S. F., & Jiménez-Aleixandre, M. P. (2016). The practice of using evidence in kindergarten: The role of purposeful observation. *Journal of Research in Science Teaching, 53*(8), 1232-1258. https://doi.org/10.1002/tea.21259

National Research Council. (2012). *A framework for K-12 science education: Practices, crosscutting concepts, and core ideas*. National Academies Press.

Peterson, S. M. (2009). Narrative and paradigmatic explanations in preschool science discourse. *Discourse Processes, 46*(4), 369-399. https://doi.org/10.1080/01638530902959448

Peterson, S. M., & French, L. (2008). Supporting young children's explanations through inquiry science in preschool. *Early Childhood Research Quarterly, 23*, 395-408. https://doi.org/10.1016/j.ecresq.2008.01.003

Piekny, J., & Maehler, C. (2013). Scientific reasoning in early and middle childhood: The development of domain-general evidence evaluation, experimentation, and hypothesis generation skills. *British Journal of Developmental Psychology, 31*(2), 153-179. https://doi.org/10.1111/j.2044-835X.2012.02082.x

Samarapungavan, A., Mantzicopoulos, P., Patrick, H., & French, B. (2009). The development and validation of the science learning assessment (SLA): A measure of kindergarten science learning. *Journal of Advanced Academics, 20*(3),

502-535. https://doi.org/10.1177/1932202X0902000306

Samarapungavan, A., Patrick, H., & Mantzicopoulos, P. (2011). What kindergarten students learn in inquiry-based science classroom. *Cognition and Instruction, 29* (4), 416-470. https://doi.org/10.1080/07370008.2011.608027

Sodian, B., Zaitchik, D., & Carey, S. (1991). Young children's differentiation of hypothetical beliefs from evidence. *Child Development, 62*(4), 753-766. https://doi.org/10.2307/1131175

Solomon, T. L., Vasilyeva, M., Huttenlocher, J., & Levine, S. C. (2015). Minding the gap: Children's difficulty conceptualizing spatial intervals as linear measurement units. *Developmental Psychology, 51*(11), 1564-1573. https://doi.org/10.1037/a0039707

Tekerci, H., & Kandir, A. (2017). Effects of the sense-based science education program on scientific process skills of children aged 60-66 months. *Eurasian Journal of Educational Research, 68*, 239-256. https://doi.org/10.14689/ejer.2017.68.13

Unal, M., & Saglam, M. (2018). Examination of the effect of the GEMS program on problem solving and science process skills of 6 years old children. *European Journal of Educational Research, 7*(3), 567-581. https://doi.org/10.12973/eu-jer.7.3.567

Van der Graaf, J., Segers, E., & Verhoeven, L. (2015). Scientific reasoning abilities in kindergarten: Dynamic assessment of the control of variables strategy. *Instructional Science, 43*(3), 381-400. https://doi.org/10.1007/s11251-015-9344-y

Van der Graaf, J., Segers, E., & Verhoeven, L. (2016). Discovering the laws of physics with a serious game in kindergarten. *Computers and Education, 101*, 168-178. https://doi.org/10.1016/j.compedu.2016.06.006

第三章

幼兒 STEM 課程設計

一 前言

過去針對幼兒科學課程的研究顯示，結構取向教學及成人的引導對幼兒科學學習的重要性。針對幼兒科學學習，除了讓幼兒自由遊戲（free play）探索，成人有目的之教學和鷹架（scaffold）幼兒學習，將可幫助幼兒進行科學探究、發展科學實作、理解科學概念（French, 2004; Hsin & Wu, 2011; Mantzicopoulos et al., 2013）。結構取向教學意指成人「有意圖的排序教材及活動，共同策畫與安排活動進行速度，鷹架幼兒進行活動，有計畫的整合各種方式，以探究特定主題」（French, 2004, p. 140）。

針對結構取向的幼兒科學課程，主題課程（Theme-Based Curriculum）受到許多學者的關注（例如：Tekerci & Kandir, 2017; Unal & Saglam, 2018）。在主題課程中，幼兒探索針對主題的科學概念和現象，如水、光或顏色，主題中的各個活動可能沒有連貫。相反的，方案取向（Project Approach）課程的活動彼此之間多是有關聯的，教師會引導幼兒在情境脈絡下，展開環環相扣的探究活動，讓幼兒深入探究及理解有興趣的主題。方案取向課程包含讓學生提出可調查的問題及進行調查以回答問題，例如：從多種來源蒐集資料、進行實驗、觀察等。透過探究有興趣的方案，幼兒會習得科學概念及增進科學實作表現（Helm & Katz, 2016; Krajcik & Czerniak, 2018）。然而，在幼兒結構取向課程中，方案取向課程的發展和研究較為稀少。

在科學教育及幼兒教育領域的學者都倡導以方案取向設計課程來帶領幼兒學習，兩個領域學者所提的課程特徵有相似之處，也有獨特的地方。本章先分別描述在科學教育領域學者 Krajcik 與 Czerniak（2018）提出以方案導向科學（Project-Based Science, PBS），以及幼兒教育領域學者 Helm 與 Katz（2016）提出的方案取向課程設計原則。此外，在設計幼兒科學探究歷程時，也參考德國小科學家之家基金會（Haus der kleinen Forscher Foundation, 2017）所發展的探究環（Inquiry Cycle）。最後，綜合各課程設計原則，提出本書探究取向幼兒 STEM 方案課程設計之架構。

二　方案導向科學（PBS）

Krajcik等人自 1998 年即倡導方案導向科學（PBS）於科學教育的重要性（Krajcik & Blumenfeld, 2006; Krajcik et al., 1998; Krajcik & Czerniak, 2018），並將之視為重要的探究教學法之一。他們所提出的PBS教學，包括以下要素（Krajcik & Czerniak, 2018）。

（一）驅動問題（driving question）

方案的進行必須由與學生相關的真實問題（authentic question）起始，並藉此問題組織或引導後續活動的進行，因此驅動問題具有以下幾項重要特性：

1. 可行性：是學生可以透過探究活動回答的問題，且可在學校施行的。
2. 具價值：問題富含科學概念，可幫助學生連結概念，或與課程標準（standards）有關。
3. 情境化：問題定錨於學生真實生活的議題。
4. 有意義：對學生來說，問題和涉及的現象是有趣且重要的。

5. 道德的：回答問題的過程不會傷害生物和環境。

6. 延續性：問題夠複雜，以支持長時間的探討。

在問題類別上可區分為描述、關係、因果三類問題，希望學生可以多問關係及因果等更複雜的科學問題，以針對科學現象進行更深入之探究。三類問題說明如下：

1. 描述問題：找出科學現象中可觀察出特徵的問題，例如：水族箱的生物種類為何？
2. 關係問題：探討不同科學現象特徵間關聯的問題，例如：身高和心跳速度的關係為何？
3. 因果問題：探討某一變因如何影響其他變因的問題，例如：太陽光如何影響植物生長？

（二）探討活動（investigation）

科學探討活動包含了七個主成分，成分之間以非線性方式進行，因此稱之為探討網（investigation web）。七個成分為：探索現象（messing about, exploring）、搜尋相關資訊（finding information）、提出和精緻化問題（asking and refining questions）、計畫和設計回答問題的探討步驟（planning and designing how you might answer your questions）、執行實驗（conducting the experimental work）、分析和詮釋資料並產生科學解釋（making sense of data）、分享想法及結果（sharing your ideas）。

（三）科技使用（technology）

使用學習科技有助於延伸學習，讓學生能夠完成先前做不到的複雜認知任務。可使用的科技，如視覺化工具、試算表、多媒體動畫、建模工具、模擬軟體、電子感測器等。在 PBS 學習環境中，科技扮演了重要角色，包括支持學生主動投入科學現象的探索，協助學生使用和應用知識，並可做為第一手資訊的來源，同時促進多媒體作品的創作，以及形成跨校或跨國的學習社群。

（四）協作學習（collaboration）

方案導向科學的協作學習可不限於教室內師生或學生間的合作，亦可以是跨校的學生之間、科學家與學生之間、學生與社區成員之間等多種形式。協作過程強調成員之間的高平等性（equality）和高相互性（mutuality），成員間的分工是不固定，可因應方案特性和過程而變動，而且成員持有共同目標，為完成方案而努力，並非拼圖式分工，或者成員只專注於個人被分配到的任務之合作方式。

（五）學生作品（artifact）

現行教學大多使用教師所設計的測驗等評量來了解學生科學理解的情況，且所有學生大多回答一樣的試題。而方案導向科學強調透過製作成品（如海報、小論文、多媒體作品、模型、機械工具等）的方式，以更多元及真實的方式，讓學生外顯化或呈現其科學學習的過程和成果。

三　幼兒方案取向課程

科學教育領域的PBS大多使用於國小及中學階段的學習者，較未考慮年齡更小的幼兒（3至6歲）學習狀況。Helm與Katz（2016）提出在幼兒階段的方案取向課程，強調此類課程可引導幼兒調查自然現象、人造物品及人類行為，鼓勵幼兒參與深度的學習與探索。方案取向課程可以分三階段進行（如圖3-1所示），各階段課程進行的重點描述如下。

（一）第一階段：開始方案

要如何開始一個方案，可以注意以下幾個課程進行重點：

1. 產出可能的主題，主題可能由教師或學生產生，愈和幼兒生活相關的主題愈容易成功。

2. 教師計畫可能的概念網，如「以鞋子這主題為例，可能的概念包含：鞋子的組成部位、鞋子有不同大小、買鞋等」（Helm & Katz, 2016, 頁21），接著要思考如何將概念和課程標準及學習目標結合，並設想可以進行的活動及可戶外教學的場域。
3. 此階段要讓幼兒針對方案有一些背景知識和詞彙，可以透過故事、角色扮演等方式建立共同經驗和知識，並讓幼兒畫出或以積木建構出針對方案已經知道的事情。
4. 找出幼兒已經了解的事物，並發展探究問題清單或概念網，將教室環境準備好成為可以探究的教室。

（二）第二階段：發展方案

準備好探究環境及規劃好探究問題後，就可以開始發展方案，以深入了解有興趣的主題。這階段的課程進行有以下幾項重點：

1. 再次檢驗教師所規劃可能的概念網及幼兒的概念網，依據幼兒的興趣調整及決定要探究的重要概念。
2. 準備戶外教學場域與尋找專家，以及預備幼兒探索的技能，包括：問問題、使用數字、觀察、繪畫、拍照、使用建構材料和工具。
3. 開始進行調查，包括：進行戶外教學、向訪客及專家問問題及交談、研究人工物品、進行實驗。這當中會運用到提問、觀察、測量、記錄、討論等科學實作。此外，幼兒會將所學以寫、畫、建構物品、舞蹈、戲劇等形式呈現。
4. 師生共同回顧概念網，評量幼兒已學到的事物，若產生新的問題就再進行調查。

（三）第三階段：總結方案

此階段能幫助幼兒總結他們已經學到的事物，計畫高峰活動（culminating event），讓幼兒分享他們已經學到的事物，並讓幼兒完成高峰活動。最後，

圖 3-1
方案取向之教學發展階段示意圖

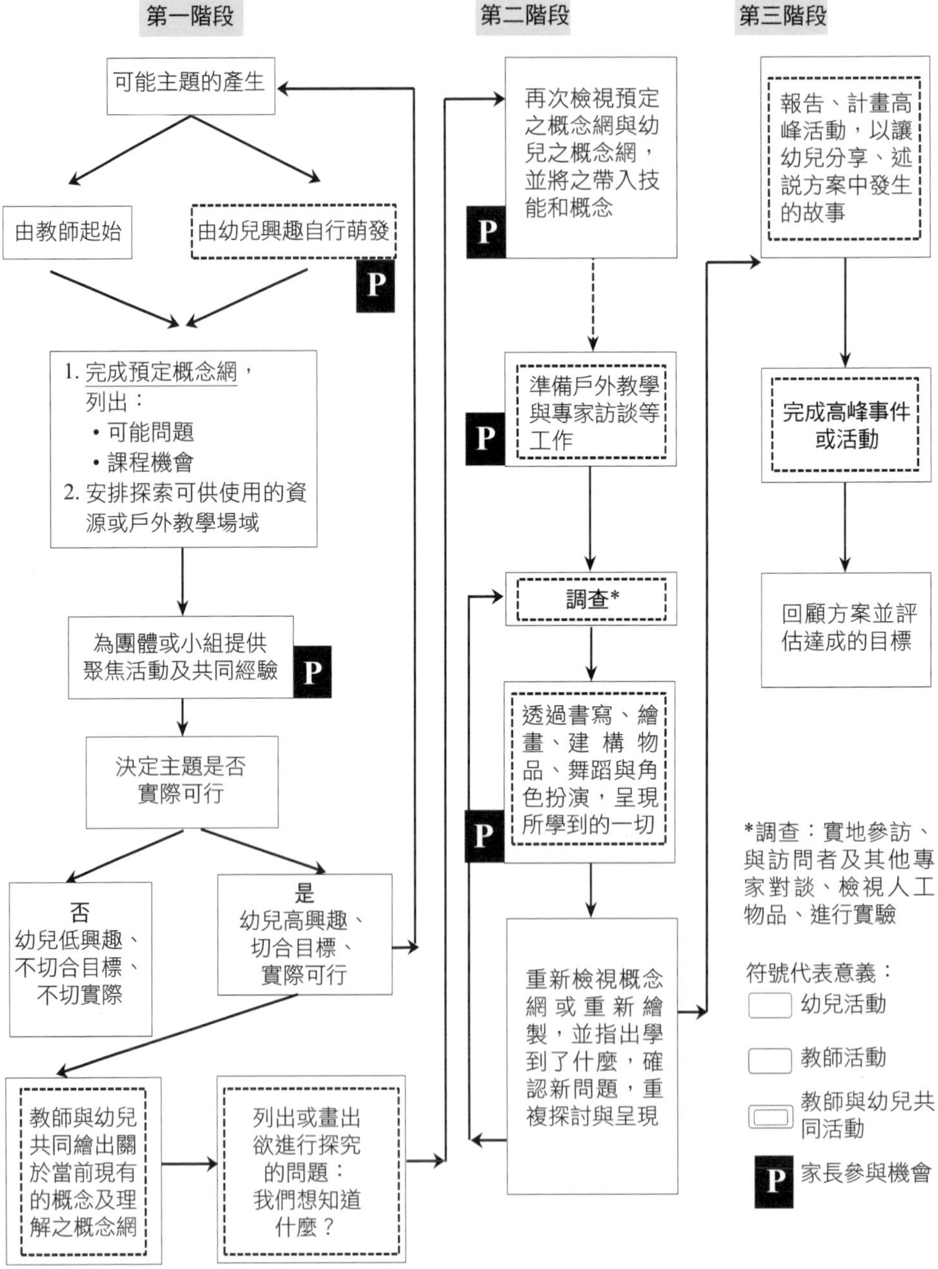

註：引自 *Young investigators: The project approach in the early years* (3rd ed.) (p. 11), by J. H. Helm & L. G. Katz, 2016, Teachers College Press.

透過探究過程中產生的文件（documentation）讓幼兒回顧方案，並讓教師評估是否達到學習目標。

四　方案導向科學與幼兒方案取向課程之比較

和 PBS 相同，方案取向的三階段教學同時運用 KWL 的技巧（Krajcik & Czerniak, 2018）：在第一階段思考現有概念或理解（What do I Know），且列出欲探究的問題（What do I Want to Know）；在第二階段指出學到了什麼（What did I Learn）；在第三階段評估達成的目標。除此之外，相比於PBS，兩者相似之要素在於：學習者的自主性和主動參與、以問題為中心、對值得學習的主題進行深入探討、幼兒可透過合作方式與同儕共同完成探討活動、在學習過程中建構作品、以多元呈現的方式評量學習成效。

不過，幼兒方案取向課程和PBS亦存在明顯差異。在提出問題上，幼兒方案取向課程不強調幼兒要提出可驗證的科學問題，多數是一般的調查問題，例如：為什麼植物需要水？植物從哪裡來？但也因為幼兒方案取向課程未過分針對特定學科，而以學習主題為焦點，其設計可同時涉及多個學科議題，能提供 STEM 跨學科教學的機會跟平臺。在調查方式上，幼兒方案取向課程不強調使用實驗來進行調查，而是運用戶外教學、專家訪談、家長參與等方式讓幼兒進行調查。此外，在結果呈現上，幼兒方案取向課程強調在教室內進行情境布置，讓幼兒在情境中深化探索，同時舉辦高峰活動來分享幼兒所學；而 PBS 則強調提出有證據支持的解釋（explanation）和論點（argument）。在工具使用上，幼兒方案取向課程傾向讓幼兒使用簡單的工具和日常數位產品（如相機、網路）；而PBS則強調使用複雜的學習科技工具來深化探究。在家長參與上，幼兒方案取向課程注重家長的參與；而PBS雖然在協作學習要素中，著重學習者與社區成員和其他成人的合作，雖然可包括家長，但並未指明家長參與的必要。

五　德國小科學家之家基金會之探究環

在設計幼兒科學探究歷程時，本書參考德國小科學家之家基金會的課程（Haus der kleinen Forscher Foundation, 2017）。該課程注重由幼兒和成人共同建構學習歷程，強調教師應創造一個能夠激發學習的環境，提供幼兒充分的時間、自由和參與機會，讓幼兒覺知到自己有興趣的問題，而能深入科學探究並進行解釋。所以教師和教育者應將幼兒視為知識和文化的主動建構者，並提供足夠的學習機會。小科學家之家基金會（Haus der kleinen Forscher Foundation, 2017）發展之幼兒 STEM 課程所根基的「探究環」有以下六個步驟（如圖 3-2 所示）。

圖 3-2
小科學家之家基金會課程之「探究環」

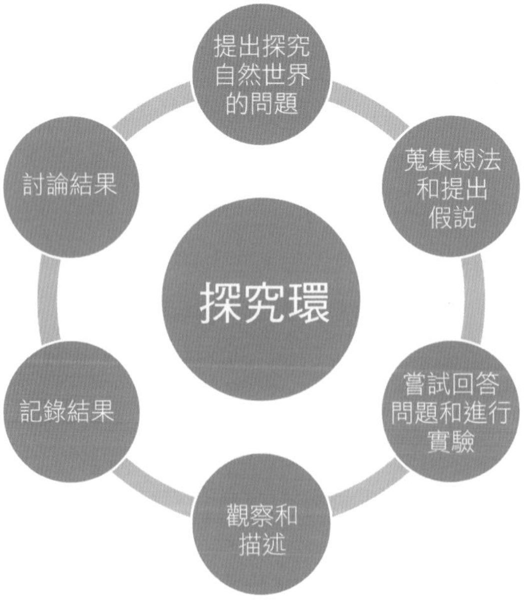

註：引自 *Inquiry-based learning in STEM: Science, technology, engineering and mathematics*, by Haus der kleinen Forscher Foundation, 2017, Author.

1. 提出探究自然世界的問題：發掘引起幼兒興趣的自然現象和探究主題為何。問題可以由幼兒提出，教師亦可從觀察幼兒的興趣中，自行向幼兒介紹可探索的自然現象。
2. 蒐集想法和提出假說：了解幼兒的先備經驗和對此問題的了解；了解幼兒的想法和對問題的假說。
3. 嘗試回答問題和進行實驗：和幼兒一起計畫如何回答問題和驗證假說；了解要回答問題適合的探究方法、所需的材料和資源為何。幼兒可能需要很多時間去反覆做某些探究活動。
4. 觀察和描述：要求幼兒仔細觀察探究過程，並描述他們的觀察；教師仔細聆聽幼兒對探究問題的想法；在幼兒探究過程中問問題、指出重點，並讓幼兒注意某些現象的特徵。
5. 記錄結果：記錄可以幫助幼兒在探究後回顧探究經驗和學習過程。記錄的方式可以是圖畫、照片、表格、文字筆記、海報等。
6. 討論結果：和幼兒討論探究的結果，建立結果和研究問題間的關係，了解幼兒先備知識為何及探究後所獲的知識為何；和幼兒討論他們探究現象的歷程、如何克服困難；和幼兒一起詮釋探究結果。此討論結果可能引發新的探究問題，即開始另一個探究循環。

六　探究取向幼兒 STEM 方案課程設計之架構

綜合以上三種教學模式，本書提出探究取向幼兒 STEM 方案課程之設計架構（如圖 3-3 所示），以設計本書提出的課程模組及進行教學。此架構以孩童的探究活動為核心（最內層），六項設計要素為基礎（第二圈），依賴教師教學策略的適當運用（最外圍），方能建構完整的探究取向之科學學習方案。

在此架構的最內層中，幼兒將進行科學探究活動，包括探索與觀察現象、提出有興趣的問題、執行實驗或操作、資料蒐集或記錄結果、分享和討

圖 3-3
探究取向幼兒 STEM 方案課程之設計架構

論結果。此五項活動不必然是以線性方式進行，孩童在實驗、測量或操作後，可能產生新的問題；有些問題有可能不需進行實驗，可直接從環境蒐集資料或記錄結果。因此，這些活動的施行方式和流程，端看學習主題和欲探究的問題可做不同的調整。

架構中另一項重要基礎是課程教材的設計，其要素有：(1)幼兒為中心：強調幼兒即學習者的主體性和主動參與；(2)問題導向：以問題驅動學習者尋找相關的解答，而問題可以是幼兒、教師或雙方共同提出的；(3)實施探究：對值得學習的主題進行深入的探討；(4)跨領域學習：學習主題可同時牽涉多個學科內容，如科學、數學、語文；(5)協作學習：幼兒可透過合作方式與同儕、教師、家長共同完成探究活動；(6)建構作品：在學習過程中建構作品，以多元呈現的方式評量學習成效。

為了讓幼兒能夠主動投入探究活動，在使用教材時，教師的教學應考量以下幾項重點：(1)充分準備：以兒童興趣做為師生共同探索與探究的出發點，並在適當環境下，透過自然現象和科學議題的交流，藉以引發兒童的好奇心；(2)運用提問：教師提問策略的運用可結合前述 KWL 技巧，以了解幼兒的先備知識與思考歷程，也可讓幼兒開始思考自己的學習；(3)促進反思：教師應鼓勵幼兒對自己的學習歷程進行反思，反思活動可結合高峰活動，在科學探討活動結束後，與幼兒討論他們所經歷和學習的事物，該活動亦可結合幼兒作品，藉由觀看自己的學習紀錄和成品，幼兒較能夠意識到自己的問題解決和學習歷程；(4)觀察表現：在幼童進行探討活動的過程中，教師可在不給予提示的前提之下，觀察孩子的活動，亦即試圖以孩子角度，去觀察兒童在做什麼？或者是打算做什麼？對幼兒的發展情況和學習挑戰有充分了解，較能反思自己的教學可以如何協助幼兒學習科學；(5)檢視評估：除了鼓勵幼兒反思之外，教師也應在不同方案階段，檢視預定計畫與孩童表現之間的差異，思考如何以幼兒的先備知識和技能為基礎，培養新的科學知能。在完成高峰事件或活動後，回顧方案並評估達成的目標。

參考文獻

French, L. (2004). Science as the center of a coherent, integrated early childhood curriculum. *Early Childhood Research Quarterly 19*(1), 138-149. https://doi.org/10.1016/j.ecresq.2004.01.004

Haus der kleinen Forscher Foundation. (2017). *Inquiry-based learning in STEM: Science, technology, engineering and mathematics*. Author.

Helm, J. H., & Katz, L. G. (2016). *Young investigators: The project approach in the early years* (3rd ed.). Teachers College Press.

Hsin, C.-T., & Wu, H.-K. (2011). Using scaffolding strategies to promote young children's scientific understandings of floating and sinking. *Journal of Science Education and Technology, 20*(5), 656-666. https://doi.org/10.1007/s10956-011-9310-7

Krajcik, J. S., & Blumenfeld, P. C. (2006). Project-based learning. In R. K. Sawyer (Ed.), *The Cambridge handbook of the learning sciences* (pp. 317-334). Cambridge University Press.

Krajcik, J. S., Blumenfeld, P. C., Marx, R. W., Bass, K. M., Fredricks, J., & Soloway, E. (1998). Inquiry in project-based science classrooms: Initial attempts by middle school students. *Journal of the Learning Sciences, 7*(3&4), 313-350. https://doi.org/10.1080/10508406.1998.9672057

Krajcik, J. S., & Czerniak, C. M. (2018). *Teaching science in elementary and middle school: A project-based learning approach*. Routledge.

Mantzicopoulos, P., Patrick, H., & Samarapungavan, A. (2013). Science literacy in school and home contexts: Kindergarteners' science achievement and motivation. *Cognition and Instruction, 31*(1), 62-119. https://doi.org/10.1080/07370008.2012.742087

Tekerci, H., & Kandir, A. (2017). Effects of the sense-based science education program on scientific process skills of children aged 60-66 months. *Eurasian Journal of Educational Research, 68*, 239-256. https://doi.org/10.14689/ejer.2017.68.13

Unal, M., & Saglam, M. (2018). Examination of the effect of the GEMS program on problem solving and science process skills of 6 years old children. *European Journal of Educational Research, 7*(3), 567-581. https://doi.org/10.12973/eu-jer.7.3.567

第四章

STEM 方案課程模組使用指引

科學、科技、工程、數學（STEM）教育是當前各國教育發展的重點，而在國家教育研究院於2018年公布的《十二年國民基本教育課程綱要》中，除了強調從國小至高中的學生在科學、數學、生活科技、資訊科技的跨領域統整，更重視實作表現和素養的培養。為了自然領域課程的幼小銜接、落實STEM向下扎根，本書作者結合國教課綱及現行《幼兒園教保活動課程大綱》的認知領域，邀請深具經驗的教育專家及幼兒園教師設計兩個探究取向的幼兒STEM方案課程模組，希冀透過課程的研發與實施，提供幼兒更多培養科學探究實作與素養的學習機會。另一方面，透過幼兒STEM課程的普及，讓更多不同背景家庭之幼兒投入STEM學習活動，應有助於實現教育均等。

基於以上理念，本書接下來兩章所呈現的課程模組之特色與面向，簡述如下。

一　培養幼兒科學探究實作表現

不同於一般自然科學課程中偏重科學知識的內容，本課程模組主要目的在培養幼兒的科學實作表現，故在設計上並未強調過多新知識的習得，以免幼兒的認知負荷過大。課程模組欲培養幼兒發展的主要實作表現有探索、提問、預測、規劃、執行與溝通，這六項主實作之下又細分出數個次實作（詳見第二章的表 2-1 幼兒科學實作一覽表）。本課程鼓勵幼兒能觀察、探索與嘗試，且結合先備經驗與知識提出科學問題，並在教師的協助下，針對問題提出預測、規劃設計實驗、進行系統性觀察、操作適合的工具和器材、完成實驗或觀察的紀錄。最後，則是與他人討論和分享實驗的過程和結果。

其中，「計畫」、「設計」、「實驗」與「系統性觀察」這些次實作對幼兒來說是相對陌生的，由於上述實作均涉及多項科學變因的辨識，教師應引導幼兒理解控制變因、操縱變因和應變變因的意義，並知道在實驗中這三類變因分別為何，進而協助幼兒計畫實驗所需的器材與設計實驗步驟，最後順利完成實驗。另外，在整個課程進行過程中，因為需要幼兒測量陀螺旋轉的時間，故教師也應協助幼兒熟悉計時器的使用與數字的判讀，這也是在幫助幼兒培養其中的兩項次實作：「操作」和「測量」。最後，在「記錄」部分，由於幼兒只會簡單的數字識讀與撰寫，故多仰賴畫圖，寫字部分則必須由教師協助。

二　課程設計原則與教學建議

（一）符合幼兒認知發展程度

本課程模組由教育專家和在職教師共同設計，課程中的科學內容與希望培養的幼兒科學實作均符合幼兒的認知發展，課程設計也貼近現今幼兒園的教學現況。考量課程中涉及許多工具的操作、科學內容及實作的難度、幼兒認知發展的程度，故最適用年齡為中班至大班（4 至 6 歲）幼兒。

（二）結合幼兒生活經驗

為引發幼兒對 STEM 的學習動機和興趣，並希望使幼兒了解 STEM 內容在生活中的重要性，本課程模組選擇與幼兒生活經驗相關的主題，深入主題中涉及的STEM內涵，有序列的協助幼兒連結其先備知識與新內容，以建立有意義的學習。舉例來說，「陀螺」課程模組結合了幼兒熟悉的戰鬥陀螺，針對影響陀螺旋轉的因素，包括：摩擦力大小、重心高低、力臂長度及陀螺體重量，進行一系列的實驗，以深化幼兒對陀螺的科學理解。「菇菇家族」課程模組則結合了幼兒日常生活的食用和觀察經驗，針對影響香菇生長的因素，包括透光度、溼度，進行實驗，並強調香菇在生態系統中扮演的角色，以深化幼兒對菇類的了解。

（三）教師運用鷹架引導幼兒發展

在幼兒園階段，幼兒的先備知識有限，會使用的工具亦有限，所以幼兒在學習上更需要教師的協助，除了要鼓勵幼兒主動探索，也要適時從旁引導。由於大部分的幼兒園教師並不具有科學專業背景，也未接受過完整的科學訓練，故本課程在教案中，提供教師相關科學概念及活動的引導建議，教師可依教學現場狀況自行調整。

（四）運用科學詞彙分享與討論

在本課程模組中，有多個活動都需要幼兒分享觀察和實驗後的發現或結果，也需要與他人進行討論，教師應鼓勵幼兒使用科學詞彙與所學到的概念做溝通，例如：當幼兒欲分享其觀察有關陀螺的發現時，教師可鼓勵幼兒利用「重心」、「力臂」、「轉軸」、「陀螺體」等來描述觀察到的現象；而當幼兒欲分享其對菇類的觀察時，教師可鼓勵幼兒利用「菌蓋」、「菌柄」、「溫度」、「水量」等來描述觀察到的現象。

（五）應用科學概念進行設計

本課程模組引介科學詞彙和概念，並在後續活動中提供幼兒應用科學概念和能力的機會，結合工程設計的原則，使幼兒能夠實踐想法及製作成品。

舉例來說，在「陀螺」課程模組中，先引導幼兒去觀察陀螺，進而辨識影響陀螺轉動的因素，並做實驗找出旋轉最久及最強壯的陀螺，接著再利用習得的概念去設計陀螺。而在「菇菇家族」課程模組中，先引導幼兒去觀察香菇的生長環境，進而辨識影響香菇生長的因素，並做實驗找出較佳的生長條件，接著再利用習得的概念去設計香菇寮。這些設計、實作和修訂以產生最佳化的成品，亦是 STEM 教育中的重要一環。

最後，感謝參與課程研發的所有成員（如表 4-1 所示），合作發展探究取向 STEM 方案課程模組，更感謝實際執行的幼兒園教師，願意突破，嘗試科學課程，共同培養幼兒的科學與工程實作能力，不只銜接未來十二年國教的課程，也讓幼兒對科學產生更多興趣。執行陀螺課程成果影片請見：https://youtu.be/k220faYSe64。

表 4-1
幼兒 STEM 方案課程研發及執行團隊名單

姓名	單位
大學團隊	
吳心楷	國立臺灣師範大學科學教育研究所講座教授
辛靜婷	國立清華大學幼兒教育學系副教授
簡頌沛	國立彰化師範大學科學教育研究所助理教授
李郁琳	國立臺灣師範大學科學教育研究所研究助理
巫欣穎	國立臺灣師範大學科學教育研究所研究助理
徐菀祺	國立臺灣師範大學科學教育研究所研究生
Lưu Dĩ Tâm（劉以心）	國立清華大學幼兒教育學系研究助理
教師團隊	
沈姿妤	高雄市彌陀區彌陀國小附設幼兒園教師
李美莉（Ily Tingtingan）	桃園市復興區立幼兒園教師
Hana Abaw（宗貞芳）	桃園市復興區立幼兒園教師
林惠鈺（Falog）	宜蘭縣南澳鎮南澳國小附設幼兒園教師
陳哈拿	桃園市復興區霞雲國小附設幼兒園教師
陳麗容	臺北市大安區銘傳國小附設幼兒園教師
黃哲恩	宜蘭縣大同鄉寒溪國小附設幼兒園教師
曾雅婷	新北市三重區光興國小附設幼兒園教師
楊詩恩（Sonung Temu）	桃園市復興區長興國小附設幼兒園教師
劉曉帆	臺中市烏日區喀哩國小附設幼兒園教師
顏佳雰	臺北市大安區銘傳國小附設幼兒園教師

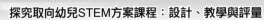

第五章

STEM 方案課程模組：陀螺

陀螺為生活中常見的物品和玩具，在民俗技藝或童玩領域中，特別是在桃園大溪或新北三峽等地，陀螺都在其中占有一席之地。而近年陀螺玩具的精進，如戰鬥陀螺、相關組合配件、到各項競賽，更使其在幼兒園和國小階段學童之間，風靡一時。因此，此主題的選擇可切合幼兒興趣和生活，透過操弄、設計和製作他們熟悉的玩具，搭配競賽、遊戲等活動，使幼兒充份發揮科學實作。

依循第三章幼兒STEM課程設計中所提出的設計架構（如圖3-3所示），主題的選擇以幼兒為中心，課程中各項活動以問題為導向，例如：如何設計一個轉得久的陀螺？在教師引導下，幼兒可進行實驗和探索活動。陀螺涉及的科學原理、數學測量、科技工具的使用、工程設計，提供跨領域學習的豐富機會，學童並可與同儕協作學習，共同建構出不同功能的陀螺。

本章首先呈現「陀螺」的課程主題網如圖 5-1 所示，課程教案一覽表可見於表 5-1。接著依續提供各教學活動的教案，包括主要概念、課程目標、學習指標、教學資源等。教案中的教學內容除了說明幼兒活動之外，為支持教師教學，亦提供教師示範問題的範例，以協助教師運用提問策略，並包含提示以協助教師引導及觀察幼兒的科學實作表現。針對各教案另附有學習單，可用以支持幼兒 STEM 活動的進行，也可做為教師進行評量的工具。

圖 5-1
課程主題網

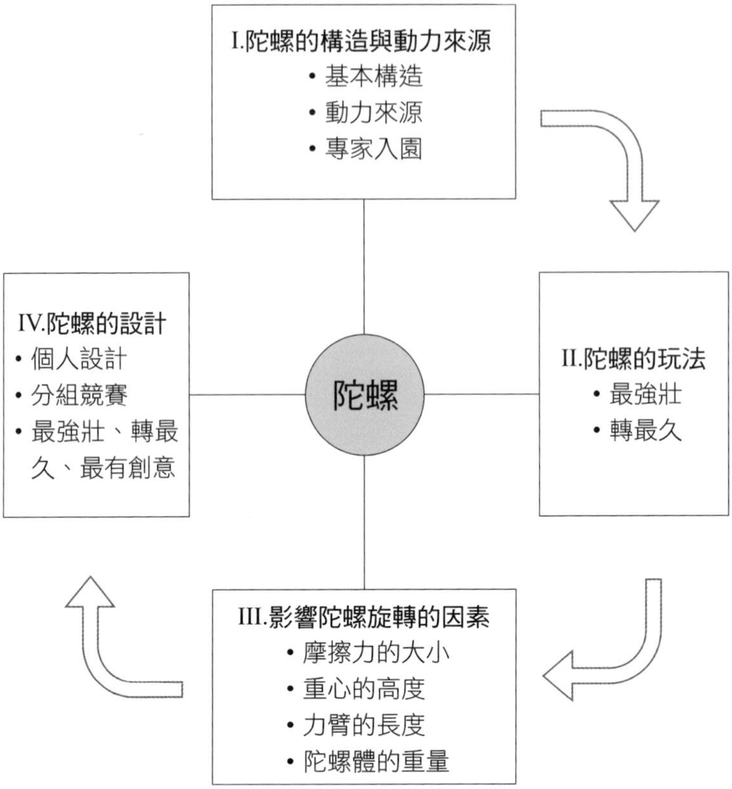
I.陀螺的構造與動力來源
• 基本構造
• 動力來源
• 專家入園
II.陀螺的玩法
• 最強壯
• 轉最久
III.影響陀螺旋轉的因素
• 摩擦力的大小
• 重心的高度
• 力臂的長度
• 陀螺體的重量
IV.陀螺的設計
• 個人設計
• 分組競賽
• 最強壯、轉最久、最有創意
陀螺

表 5-1
課程教案一覽表

活動名稱	教學目標	科學實作
主要概念：I.陀螺的構造與動力來源		
I-1. 陀螺大觀園①	幼兒能夠認識陀螺的基本構造（陀螺體、轉軸、力臂）。	初步觀察、初步嘗試、系統性觀察、分享
I-2. 陀螺大觀園②	幼兒能夠依照不同的分類依據將各種陀螺作分類。	系統性觀察
I-3. 陀螺卡位戰①	1. 幼兒能夠在教師的協助下記錄陀螺的基本構造。 2. 幼兒能夠說出繪本故事的角色與情節。	記錄
I-4. 陀螺卡位戰②	幼兒能夠從體驗活動中了解陀螺重心的高度和力臂的長度會影響陀螺旋轉的時間和速度。	提出預測、系統性觀察、討論
I-5. 轉吧！陀螺	幼兒能夠系統性觀察不同動力來源的陀螺如何旋轉，並預測結果及記錄過程。	提出預測、系統性觀察、記錄、分享
I-6. 專家入園	1. 向專家蒐集製作陀螺以及和陀螺旋轉相關的資料。 2. 向專家提出科學問題。	提出科學問題、資料蒐集、分享、討論
主要概念：II.陀螺的玩法		
II-1. 來戰鬥吧！①	1. 幼兒能夠操作各種陀螺，找出最強壯的陀螺。 2. 幼兒能夠說出故事的角色與情節。	提出預測、記錄、分享
II-2. 來戰鬥吧！②	幼兒能夠操作各種陀螺，找出轉最久的陀螺。	提出預測、操作、測量、記錄、分享
主要概念：III.影響陀螺旋轉的因素		
III-1. 戰勝摩力 （摩擦力的大小）	1. 幼兒能夠透過實驗發現地面材質會影響陀螺的旋轉時間。 2. 幼兒能夠與他人共同進行實驗。	提出預測、聚焦、計畫、設計、操作、測量、記錄、實驗、分享
III-2. 高矮誰厲害 （重心的高度）	1. 幼兒能夠透過實驗發現重心的高度會影響陀螺的旋轉時間。 2. 幼兒能夠與他人共同進行實驗。	提出預測、聚焦、計畫、設計、操作、測量、記錄、實驗、分享
III-3. 陀螺手臂的秘密 （力臂的長度）	1. 幼兒能夠透過實驗發現力臂的長度會影響陀螺的旋轉時間。 2. 幼兒能夠與他人共同進行實驗。	提出預測、聚焦、計畫、設計、操作、測量、記錄、實驗、分享

表 5-1
課程教案一覽表（續）

活動名稱	教學目標	科學實作
III-4. 陀螺大相撲 （陀螺體的重量）	1. 幼兒能夠透過實驗發現陀螺體的重量會影響陀螺的強壯度。 2. 幼兒能夠與他人共同進行實驗。	提出預測、聚焦、計畫、設計、記錄、實驗、分享
主要概念：IV.陀螺的設計		
IV-1. 陀螺個人賽	幼兒能夠考量到重心的高度、力臂的長度和陀螺體的重量去製作轉得久和強壯的陀螺。	聚焦、系統性觀察、操作、測量、討論
IV-2. 就是你了！ ╳╳╳陀螺	1. 幼兒能夠利用前幾堂課所學到的概念設計陀螺。 2. 幼兒能夠向別人分享自己所設計的陀螺。	分享、討論
IV-3. 動手做陀螺	1. 幼兒能夠與他人分工合作完成陀螺。 2. 幼兒能夠運用適宜的材料和工具製作陀螺。	計畫、操作、測量、記錄、討論
IV-4. 我們的陀螺最厲害	1. 幼兒能夠測試、調整與修改陀螺。 2. 幼兒能夠與他人分享該組陀螺的特色。	記錄、實驗、分享
IV-5. 我們是～ 陀螺好朋友	1. 幼兒能夠依照重心的高度、力臂的長度和陀螺體的重量說出陀螺獲勝的原因。 2. 幼兒能夠與他人公平進行陀螺比賽。	系統性觀察、操作、測量、討論
學習單		
學習單 I-5	陀螺轉轉轉	
學習單 II-1	看誰比較強壯	
學習單 II-2	看誰比較久	
學習單 III-1	戰勝摩力	
學習單 III-2	高矮誰厲害	
學習單 III-3	陀螺手臂的秘密	
學習單 III-4	陀螺大相撲	
學習單 IV-3	陀螺測試①	
學習單 IV-4	陀螺測試②	

<table>
<tr><td>主要概念</td><td>I.陀螺的構造與動力來源</td><td>設計者</td><td colspan="3">沈姿妤</td></tr>
<tr><td>活動名稱</td><td>I-1.陀螺大觀園①</td><td>適用年齡</td><td>中大班</td><td>教學時間</td><td>40 分鐘</td></tr>
<tr><td>課程目標</td><td colspan="5">認-1-3 蒐集文化產物的訊息</td></tr>
<tr><td>學習指標</td><td colspan="5">認-大-1-3-1 觀察生活物件的特徵</td></tr>
<tr><td>教學目標</td><td colspan="5">幼兒能夠認識陀螺的基本構造（陀螺體、轉軸、力臂）</td></tr>
<tr><td colspan="3">教學內容</td><td>預估時間</td><td colspan="2">教學資源</td></tr>
<tr><td colspan="3">一、請幼兒觀察從家中帶來及教師準備的陀螺，觀察重點包括外型及旋轉方式，並請幼兒介紹其種類名稱與分享觀察到的現象。
● 教師在學習區自行準備陀螺與相關的物品或教具。
● 教師示範問題：
1. 陀螺長怎麼樣？用什麼材料／東西做成的？
2. 你怎麼讓陀螺旋轉的呢？
★幼兒在教師的引導下，<u>初步觀察</u>陀螺的外型與基本構造。</td><td>10 分鐘</td><td colspan="2" rowspan="2">各種陀螺
（戰鬥陀螺、木頭陀螺、手捻陀螺、鉉鈕陀螺等）</td></tr>
<tr><td colspan="3">二、請幼兒自由操作各種陀螺。
● 教師鼓勵幼兒交換操作彼此及教師準備的陀螺。
★幼兒在教師的引導下，<u>初步嘗試</u>操作不同種類的陀螺，如圖 5-2 所示。

圖 5-2
幼兒操作各種陀螺
</td><td>10 分鐘</td></tr>
</table>

教學內容	預估時間	教學資源
三、請幼兒觀察各種陀螺，並請幼兒分享不同種類陀螺的相同處與相異處。 • 教師須從相同處引導出陀螺的必要基本構造——陀螺體、轉軸、力臂。 • 教師示範問題： 1. 這些陀螺有哪些地方是一樣的？哪些地方是不一樣的？ 2. 戰鬥陀螺和木頭陀螺有哪些很像的地方？ ★幼兒在教師的引導下，**系統性觀察**各種陀螺的相同處與相異處，並**分享**觀察到的現象，如圖 5-3 所示。 圖 5-3 教師引導幼兒觀察陀螺 	15 分鐘	
四、教師提出專有名詞引導幼兒認識陀螺的基本構造。 • 陀螺雖然是對稱性結構物，愈對稱，陀螺旋轉得愈快，但並非所有的陀螺皆成對稱形狀，例如：大部分的戰鬥陀螺頂端是呈扇狀形。 • 教師宜用不同種類的陀螺作介紹。 • 陀螺的基本構造：陀螺體、轉軸、力臂（如圖 5-4、圖 5-5 所示）。	5 分鐘	

教學內容	預估時間	教學資源
圖 5-4 木頭陀螺的基本構造 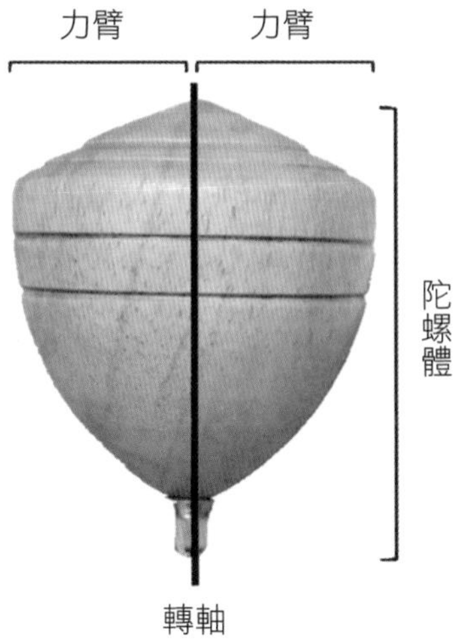 圖 5-5 積木陀螺的基本構造  陀螺體：紅色和藍色積木（此圖例的總積木個數為 13 塊） 轉軸：紅色積木（此圖例的轉軸為 5 塊積木） 力臂：藍色積木（此圖例的力臂為 2 塊積木）		

〔教具 I-1〕

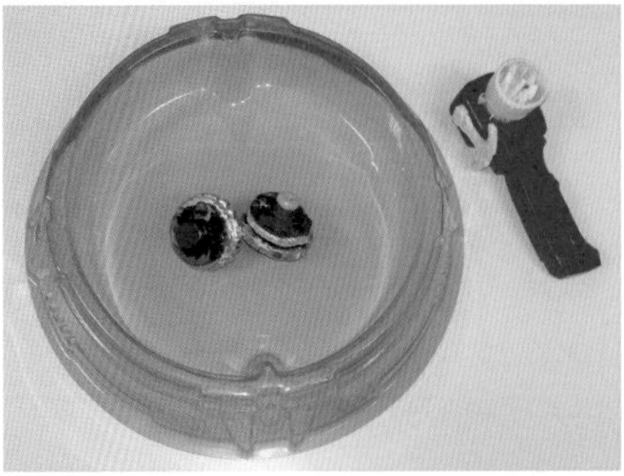

戰鬥陀螺、發射器、戰鬥盤

木頭陀螺

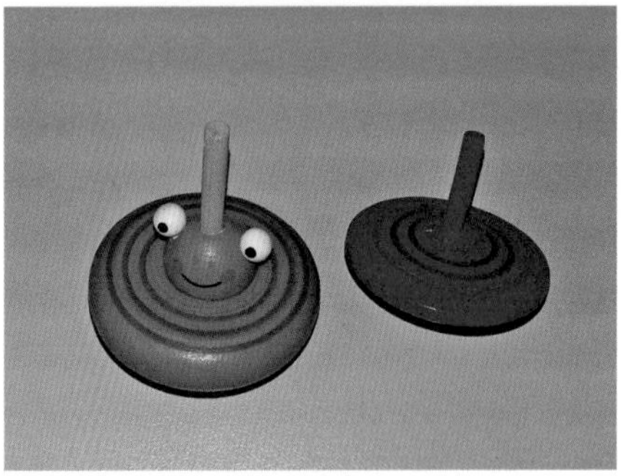

手捻陀螺

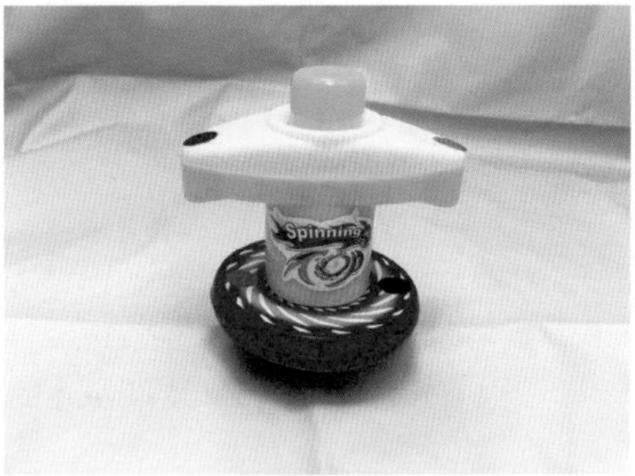

鋐鈕陀螺

積木陀螺

積木陀螺、發射器

<table>
<tr><td>主要概念</td><td>I.陀螺的構造與動力來源</td><td>設計者</td><td colspan="3">沈姿妤</td></tr>
<tr><td>活動名稱</td><td>I-1.陀螺大觀園②</td><td>適用年齡</td><td>中大班</td><td>教學時間</td><td>40 分鐘</td></tr>
<tr><td>課程目標</td><td colspan="5">認-2-3 整理文化產物訊息間的關係</td></tr>
<tr><td>學習指標</td><td colspan="5">認-中-2-3-1 依據特徵為生活物件分類並命名</td></tr>
<tr><td>教學目標</td><td colspan="5">幼兒能夠依照不同的分類依據將各種陀螺作分類</td></tr>
<tr><td colspan="3">教學內容</td><td>預估時間</td><td colspan="2">教學資源</td></tr>
<tr><td colspan="3">一、教師將各種陀螺放入神秘箱內，請幼兒輪流用手觸摸，並猜測摸到的是什麼陀螺。拿出所有陀螺後，與幼兒討論如何將它們分類。
● 教師將討論過程記錄於白板上。
● 分類的依據不限，可以是顏色、形狀、材質、種類、動力來源等，教師須引導幼兒作不同的分類。
● 教師示範問題：
1. 你們覺得這些陀螺可以怎麼樣分類呢？
2. 要讓陀螺旋轉的方式都一樣嗎？有些陀螺是用繩子繞一圈一圈再打出去的，有些像戰鬥陀螺一樣用拉的，還有哪些陀螺跟它們用一樣或是不一樣的方式轉動？
★幼兒在教師的引導下，系統性觀察各種陀螺的特徵，並使用特徵分類，如圖 5-6 所示。

圖 5-6
幼兒系統性觀察各種陀螺的特徵並分類

</td><td>15 分鐘</td><td colspan="2">神秘箱、各種陀螺、白板、白板筆</td></tr>
</table>

教學內容	預估時間	教學資源
二、教師總結白板上所記錄的分類。	5 分鐘	
三、教師利用遊戲引導幼兒將陀螺分類：準備兩個呼拉圈，分別標示〇和╳，請每位幼兒選一顆陀螺，教師也選一顆陀螺並出題讓幼兒分類，幼兒的陀螺若和教師同一類，則站到標示〇的呼拉圈內，若不同，則站到標示╳的呼拉圈內。 ● 若陀螺數較少，教師可以將幼兒分組，以便進行活動。 ● 教師可以先從外觀、形狀做分類，再至結構、材質、動力來源等。 ● 教師示範問題： 1.（拿出一顆陀螺）你們覺得我的陀螺從上面看是什麼形狀？跟我一樣的到有〇的呼拉圈內，不一樣的到有╳的呼拉圈內。 2.（拿出一顆陀螺）你們覺得我的陀螺是什麼做成的？跟我一樣的到有〇的呼拉圈內，不一樣的到有╳的呼拉圈內。 3.（拿出一顆陀螺）你們覺得我的陀螺是怎麼旋轉的？跟我一樣的到有〇的呼拉圈內，不一樣的到有╳的呼拉圈內。 ★幼兒在教師的引導下，**系統性觀察**各種陀螺的特徵，並進行分類，如圖 5-7 所示。 圖 5-7 幼兒透過遊戲將陀螺分類 	20 分鐘	各種陀螺、呼拉圈

〔教具 I-2〕

戰鬥陀螺、發射器、戰鬥盤	木頭陀螺
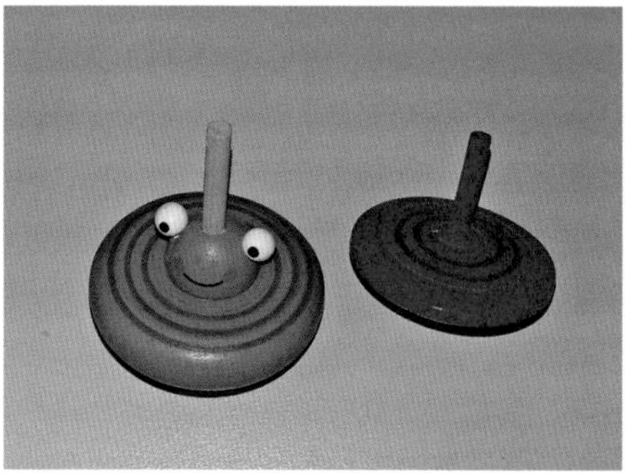	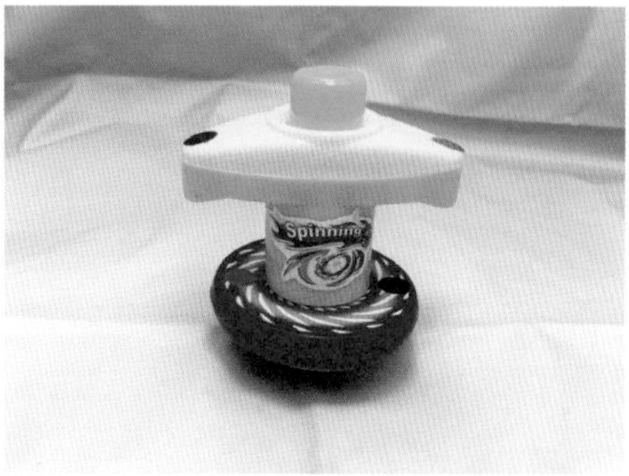
手捻陀螺	鉉鈕陀螺

積木陀螺	

<table>
<tr><td>主要概念</td><td>I.陀螺的構造與動力來源</td><td>設計者</td><td colspan="3">沈姿妤</td></tr>
<tr><td>活動名稱</td><td>I-3.陀螺卡位戰①</td><td>適用年齡</td><td>中大班</td><td>教學時間</td><td>40 分鐘</td></tr>
<tr><td>課程目標</td><td colspan="5">認-1-3 蒐集文化產物的訊息
語-1-5 理解圖畫書的內容與功能</td></tr>
<tr><td>學習指標</td><td colspan="5">認-中-1-3-2 以圖像或符號記錄生活物件的多項訊息
語-大-1-5-2 理解故事的角色、情節與主題</td></tr>
<tr><td>教學目標</td><td colspan="5">1. 幼兒能夠在教師的協助下記錄陀螺的基本構造
2. 幼兒能夠說出繪本故事的角色與情節</td></tr>
<tr><td colspan="3">教學內容</td><td>預估時間</td><td colspan="2">教學資源</td></tr>
<tr><td colspan="3">一、教師敘述繪本《當一天玩具》，並與幼兒討論繪本的角色與情節。</td><td>10 分鐘</td><td colspan="2" rowspan="2">福部明浩（2018）。當一天玩具（蔡瑜倫譯）。格林文化。</td></tr>
<tr><td colspan="3">二、教師與幼兒討論繪本《當一天玩具》中的故事片段「當一天陀螺！」，並請幼兒用身體動作呈現陀螺旋轉的樣子和回顧陀螺的基本構造，如圖 5-8 所示。
● 陀螺的基本構造：陀螺體、轉軸、力臂。

圖 5-8
幼兒扮演旋轉的陀螺
</td><td>10 分鐘</td></tr>
</table>

教學內容	預估時間	教學資源
三、請幼兒以「如果我是陀螺」為主題畫出自己是陀螺的模樣，教師從旁協助幼兒記錄陀螺的基本構造。 ★幼兒在教師的協助下，運用圖像與其他表徵**記錄**陀螺的基本構造，如圖 5-9 所示。 圖 5-9 幼兒畫出自己是陀螺的模樣 	15 分鐘	圖畫紙
四、請幼兒發表「如果我是陀螺」的作品，如圖 5-10 所示。 圖 5-10 「如果我是陀螺」作品發表 	5 分鐘	

主要概念	I.陀螺的構造與動力來源	設計者	沈姿妤		
活動名稱	I-4.陀螺卡位戰②	適用年齡	中大班	教學時間	40 分鐘
課程目標	認-2-3 整理文化產物訊息間的關係				
學習指標	認-大-2-3-3 與他人討論生活物件與生活的關係				
教學目標	幼兒能夠從體驗活動中了解陀螺重心的高度和力臂的長度會影響陀螺旋轉的時間和速度				

教學內容	預估時間	教學資源
一、請幼兒操作各種陀螺，再與幼兒討論為什麼每顆陀螺旋轉的速度和時間不同。 • 教師須引導出影響陀螺旋轉的因素（摩擦力的大小、陀螺體的重量、重心的高度、力臂的長度）之概念。 • 教師示範問題： 1. 為什麼╳╳╳陀螺轉得比╳╳╳陀螺還要久呢？ 2. 為什麼╳╳╳╳陀螺轉得比╳╳╳陀螺快？ ★幼兒在教師的引導下，<u>系統性觀察</u>各種陀螺的特徵，並<u>討論</u>出影響陀螺旋轉的速度和時間的因素。	5 分鐘	各種陀螺
二、藉由兩種體驗活動，引導幼兒了解陀螺體重心的高度和力臂的長度與陀螺旋轉時間和速度的關係。在活動進行前，教師先示範動作，並請幼兒針對結果做預測。 • 教師可依教學現場作刪減或調整活動內容。 • 為了讓差異更顯著，可以讓幼兒進行體驗活動時雙手拿重物，如寶特瓶等。 （一）旋轉盤：請教師站在和坐在（或蹲在）旋轉盤上。 • 教師示範問題： 1. 你們發現老師這兩種動作有什麼不一樣？ 2. 你們覺得站著和坐著旋轉，哪種轉得比較久呢？ • 範例影片：角動量守恆 https://www.youtube.com/watch?v=eiA8Xs2aO-U （二）旋轉椅子：教師坐在旋轉椅子上，分別手打開和手抱胸。 • 教師示範問題： 1. 你們發現老師這兩種動作有什麼不一樣？ 2. 你們覺得手打開和手抱胸旋轉，哪種轉得比較快呢？ 3. 教師示範時可雙手握重物或瓶裝水以增強效果。 • 範例影片：角動量實驗旋轉椅 https://www.youtube.com/watch?v=S5FjFFY8TEg ★幼兒在教師的引導下，在體驗活動前，針對結果<u>提出預測</u>。	5 分鐘	旋轉盤、旋轉椅子

<table>
<tr><th>教學內容</th><th>預估時間</th><th>教學資源</th></tr>
<tr><td>
三、請幼兒進行兩種體驗活動。
● 教師在進行活動時，需更加注意幼兒的安全。
（一）旋轉盤：請幼兒站在和坐在（或蹲在）旋轉盤上，感受兩者旋轉的變化，就此體驗重心的高度與陀螺旋轉時間的關係。
（二）旋轉椅子：請幼兒坐在旋轉椅子上，分別手打開和手抱胸旋轉，感受兩者旋轉的變化，就此體驗力臂的長度與陀螺旋轉速度的關係，如圖 5-11、圖 5-12 所示。

圖 5-11
幼兒進行旋轉盤體驗活動

圖 5-12
幼兒進行旋轉椅子體驗活動

</td><td>25 分鐘</td><td>旋轉盤、旋轉椅子</td></tr>
</table>

教學內容	預估時間	教學資源
四、體驗活動結束後，教師引導幼兒回顧活動過程，並歸納活動結果，以驗證活動前的預測。 （一）旋轉盤 • 教師引導幼兒發現坐在（或蹲在）旋轉盤上旋轉得比較久，是因為幼兒的重心較低。 • 教師示範問題： 1. 你們原先預測站著和坐著旋轉，哪一種轉得比較久呢？結果和你預測的一樣嗎？ 2. 為什麼坐著旋轉比較久呢？ （二）旋轉椅子 • 教師須引導幼兒發現手抱胸的旋轉速度比較快是因為力臂較短。 • 教師示範問題： 1. 你們原先預測手打開和手抱胸旋轉，哪一種轉得比較快呢？結果和你預測的一樣嗎？ 2. 為什麼手抱胸的旋轉速度比較快呢？	5 分鐘	

〔教具 I-4〕

戰鬥陀螺、發射器、戰鬥盤	木頭陀螺
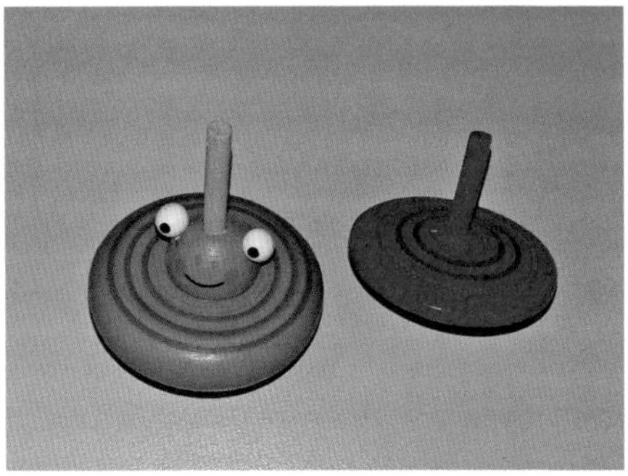	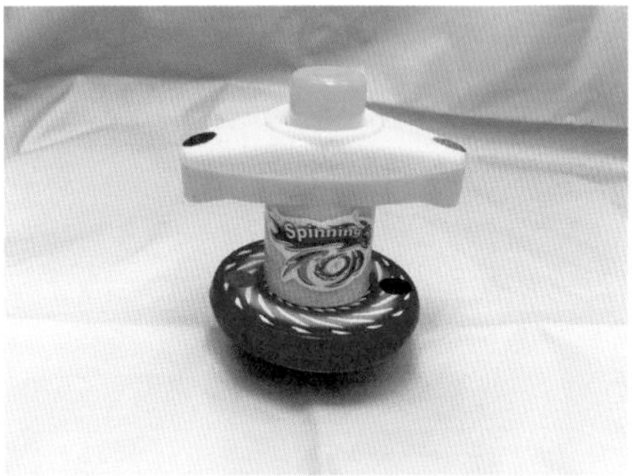
手捻陀螺	鉉鈕陀螺

積木陀螺	旋轉盤

主要概念	I.陀螺的構造與動力來源	設計者	沈姿妤		
活動名稱	I-5.轉吧！陀螺	適用年齡	中大班	教學時間	40 分鐘
課程目標	認-1-3 蒐集文化產物的訊息				
學習指標	認-中-1-3-2 以圖像或符號記錄生活物件的多項訊息				
教學目標	幼兒能夠系統性觀察不同動力來源的陀螺如何旋轉，並預測結果及記錄過程				

教學內容	預估時間	教學資源
一、透過影片引導幼兒觀察不同陀螺的旋轉方式。 • 影片資源： 1. 繩子旋轉大陀螺 https://youtu.be/KVioUUgk-Uw 2. 戰鬥陀螺（繩索） https://youtu.be/pYlPrHKch88 3. 徒手旋轉木陀螺 https://youtu.be/uHVrlG1bE_c 4. 手捻陀螺 https://youtu.be/ubzbPsSV52k 5. 鉉鈕陀螺 https://youtu.be/Kg4ZLuWXvWs ★幼兒在教師的引導下，系統性觀察各種陀螺的動力來源。	5 分鐘	影片、投影機
二、教師教導幼兒操作計時器和判讀數字。 • 計時器單位（由左至右）分別是：分、秒、毫秒。 • 教師只須教導幼兒判讀分和秒即可。	5 分鐘	計時器
三、將幼兒分成三組分別進行手捻陀螺、鉉鈕陀螺和齒輪陀輪（戰鬥陀螺）的旋轉活動。操作前，教師須引導幼兒針對活動結果做預測；操作過程中，教師從旁協助幼兒記錄觀察到的現象及操作結果於學習單I-5「陀螺轉轉轉」上。 （一）手捻陀螺組 • 教師引導幼兒發現手轉的力氣愈大，陀螺轉愈久。 • 兩個陀螺同時轉不需用到計時器，若分開轉則要。 • 教師示範問題： 1. 你們覺得每次陀螺轉的時間都會一樣嗎？ 2. 輕輕的轉和用力的轉，陀螺轉的時間有一樣嗎？ 3. 怎麼樣可以讓陀螺轉更久？	20 分鐘	手捻陀螺、鉉鈕陀螺、齒輪陀輪（戰鬥陀螺）、學習單I-5、計時器、螺絲起子

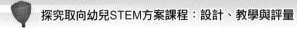

<table>
<tr><th>教學內容</th><th>預估
時間</th><th>教學資源</th></tr>
<tr><td>
（二）鋐鈕陀螺組
● 教師引導幼兒發現轉的圈數愈多，陀螺會轉得愈久。
● 教師可以拆開零件讓幼兒了解產生動力的構造。
● 兩個陀螺同時轉不需用到計時器，若分開轉則要。
● 教師示範問題：
1. 轉半圈和轉一圈，陀螺轉的時間一樣嗎？
2. 轉幾圈陀螺會轉最久？
● 為了讓幼兒理解圈數的轉法，故在每顆鋐鈕陀螺和發射器（對邊）上都貼上黑點與紅點（如圖 5-13 所示），一開始發射器的黑點對應陀螺的黑點，紅點對應紅點。

圖 5-13
鋐鈕陀螺與發射器

● 轉半圈就是旋轉發射器（或陀螺），將發射器的黑點對應陀螺的紅點（如圖 5-14 所示）。

圖 5-14
旋轉發射器（或陀螺）半圈

● 轉一圈就是繼續旋轉發射器（或陀螺），將發射器的黑點對應陀螺的黑點（和一開始的位置相同）（如圖 5-15 所示）。
</td><td></td><td></td></tr>
</table>

<table>
<tr><th>教學內容</th><th>預估
時間</th><th>教學資源</th></tr>
<tr><td>
圖 5-15
旋轉發射器（或陀螺）一圈
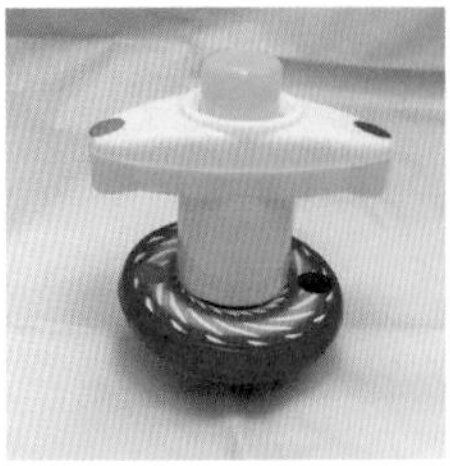

（三）齒輪陀螺（戰鬥陀螺）組
• 教師引導幼兒發現拉動齒輪的速度愈快，陀螺轉愈久。
• 教師可以拆開零件讓幼兒了解產生動力的構造。
• 兩個陀螺同時轉不需用到計時器，若分開轉則要。
• 教師示範問題：
1. 你們覺得每次陀螺轉的時間都會一樣嗎？
2. 輕輕的拉和用力的拉，陀螺轉的時間有一樣嗎？
★幼兒在教師的協助下，針對陀螺旋轉結果提出預測並記錄結果，以了解力氣大小、旋轉圈數及拉條速度分別如何影響陀螺旋轉的時間，如圖 5-16 所示。

圖 5-16
鉉鈕陀螺組操作及記錄過程

</td><td></td><td></td></tr>
</table>

教學內容	預估時間	教學資源
四、請三組幼兒分享操作結果，教師再用文字或圖像記錄於海報紙上作為經驗圖表。 ★幼兒在教師的引導下，<u>分享</u>操作陀螺後的發現，如圖 5-17 所示。 圖 5-17 幼兒分享結果 	10 分鐘	海報紙、畫筆

〔學習單 I-5〕 小組成員：____________________

～陀螺轉轉轉～

▼手捻陀螺 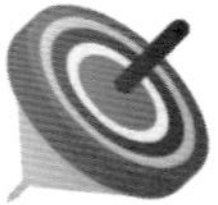

力氣	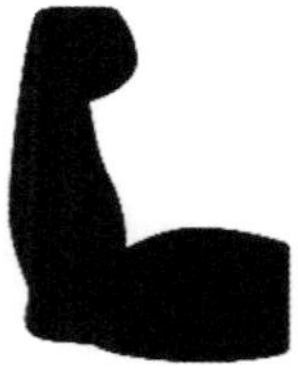	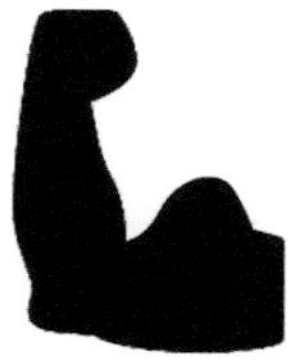	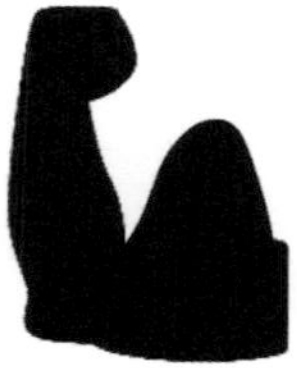
時間	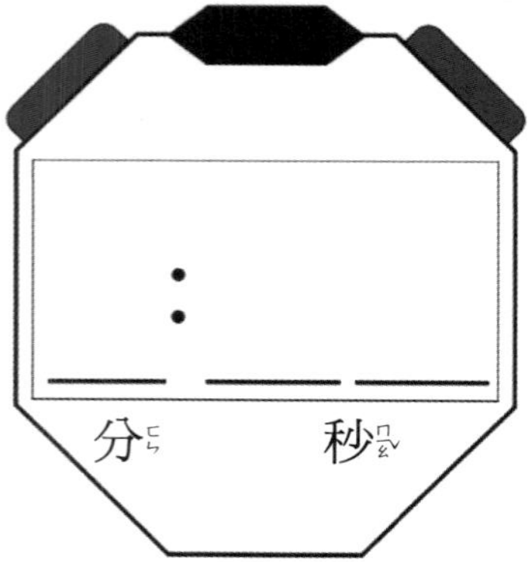	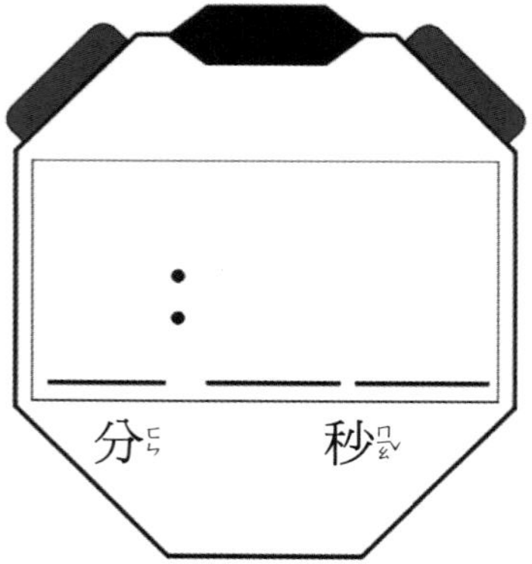	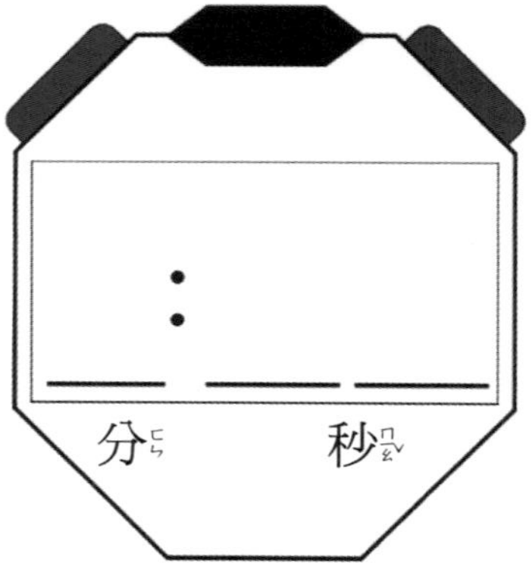

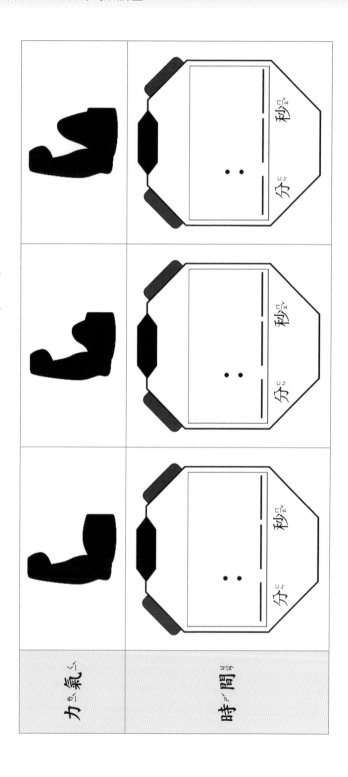

〔學習單 I-5〕 小組成員：＿＿＿＿＿＿＿＿＿＿＿＿＿＿＿＿

～陀螺轉轉轉～

◆鋐鈕陀螺

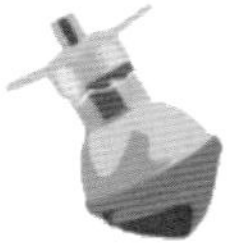

圈數	半圈	1 圈	1 圈半
時間	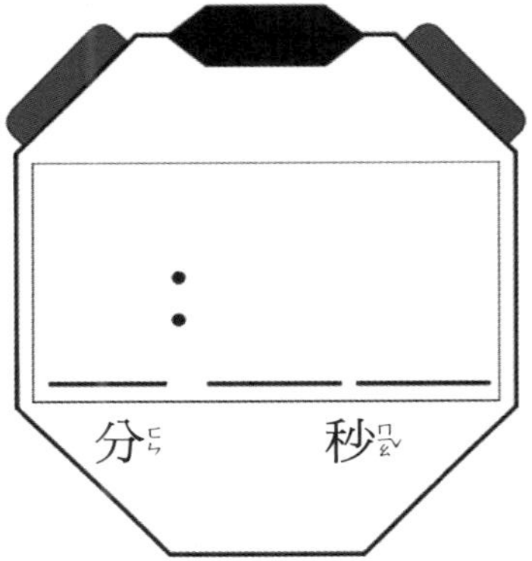	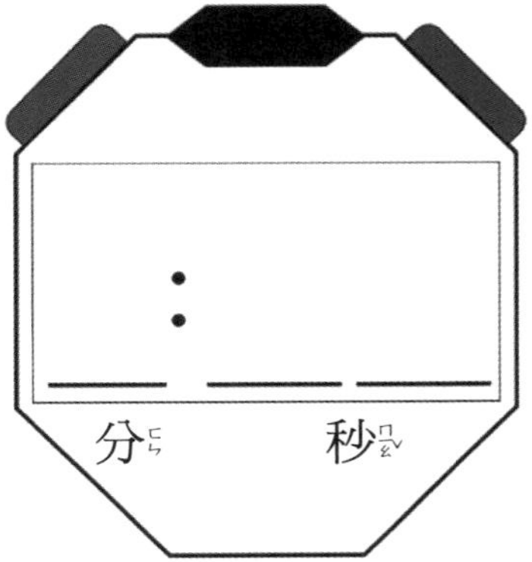	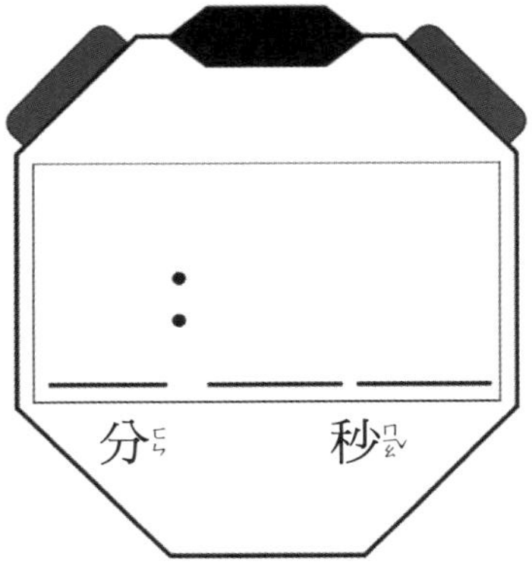

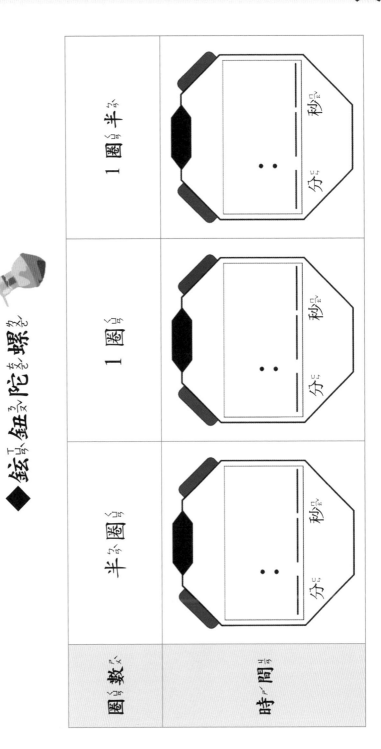

〔學習單 I-5〕 小組成員：________________

～陀螺轉轉轉～

★齒輪陀螺（戰鬥陀螺）

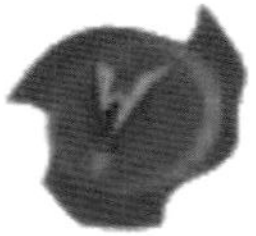

拉動齒輪的速度	快	中	慢
時間	： ____ 分 ____ ____ 秒	： ____ 分 ____ ____ 秒	： ____ 分 ____ ____ 秒

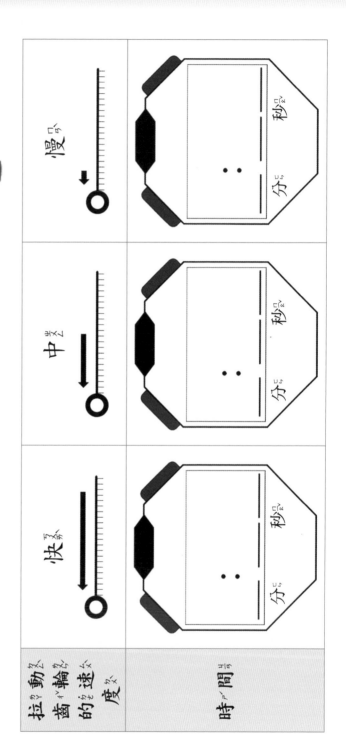

〔教具 I-5〕

<table>
<tr><td colspan="2"> 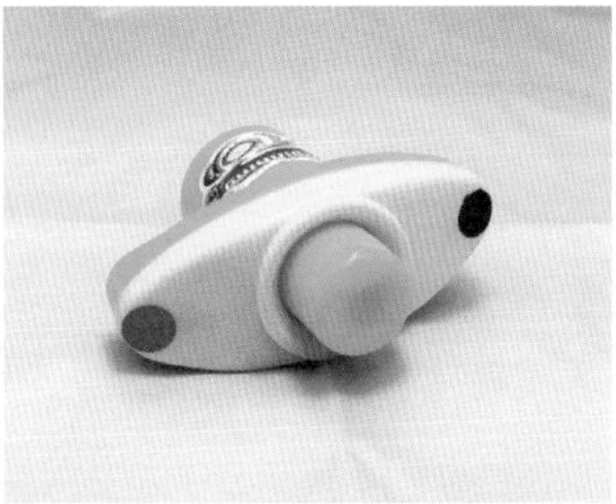</td></tr>
<tr><td colspan="2">鉉鈕陀螺與發射器</td></tr>
<tr><td>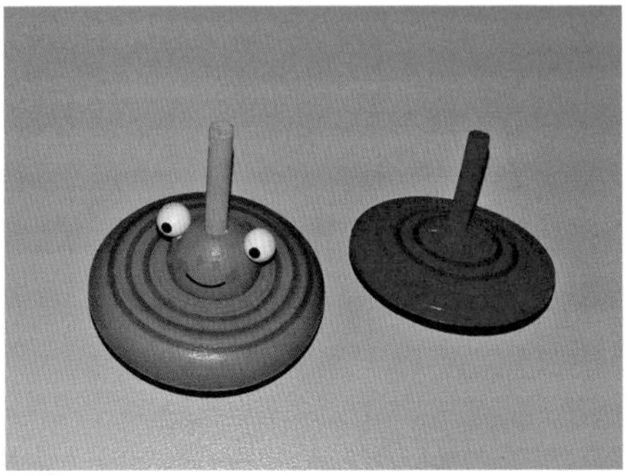</td><td></td></tr>
<tr><td>手捻陀螺</td><td>戰鬥陀螺、發射器、戰鬥盤</td></tr>
<tr><td>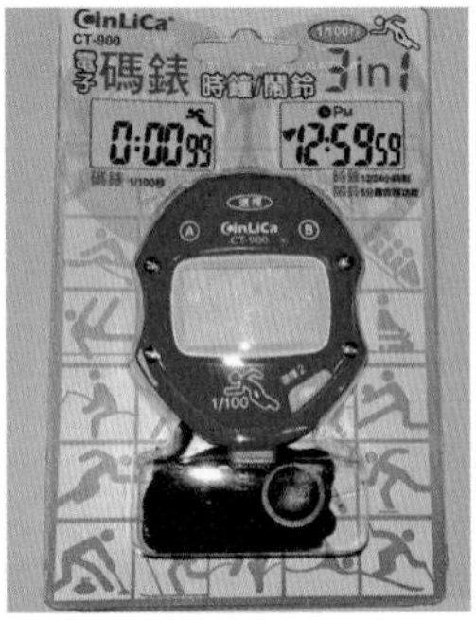</td><td></td></tr>
<tr><td>計時器</td><td></td></tr>
</table>

主要概念	I.陀螺的構造與動力來源	設計者	黃哲恩		
活動名稱	I-6.專家入園	適用年齡	中大班	教學時間	80 分鐘
課程目標	認-2-3 整理文化產物訊息間的關係 語-2-2 以口語參與互動				
學習指標	認-大-2-3-3 與他人討論生活物件與生活的關係 語-中-2-2-2 以清晰的口語表達想法				
教學目標	1. 向專家蒐集製作陀螺以及和陀螺旋轉相關的資料 2. 向專家提出科學問題				

教學內容	預估時間	教學資源
一、教師向幼兒介紹專家的背景，並與幼兒一起討論可以向專家提出的科學問題，蒐集陀螺相關的資料。 • 教師引導幼兒提出科學問題：含科學內容（物理、化學、生物、地球科學等），可以用觀察、實驗等方式被驗證的問題。 • 科學問題範例： 1. 怎麼樣可以讓陀螺轉得比較穩，比較不會跌倒呢？ 2. 怎麼樣可以讓陀螺轉得比較快？比較久？ 3. 為什麼轉軸一定要在中間，不能歪歪的嗎？ 4. 為什麼陀螺在旋轉的時候會有聲音？ 5. 怎麼樣可以讓陀螺轉動？ 6. 重的陀螺比輕的陀螺力氣大嗎？ 7. 大的陀螺比小的陀螺轉得久嗎？ • 教師可以將問題記錄在白板上。 • 科學問題可以視專家的背景做調整。 ★幼兒在教師的引導下，**提出科學問題**，如圖 5-18 所示。	20 分鐘	白板

教學內容	預估時間	教學資源
圖 5-18 幼兒向專家提出科學問題 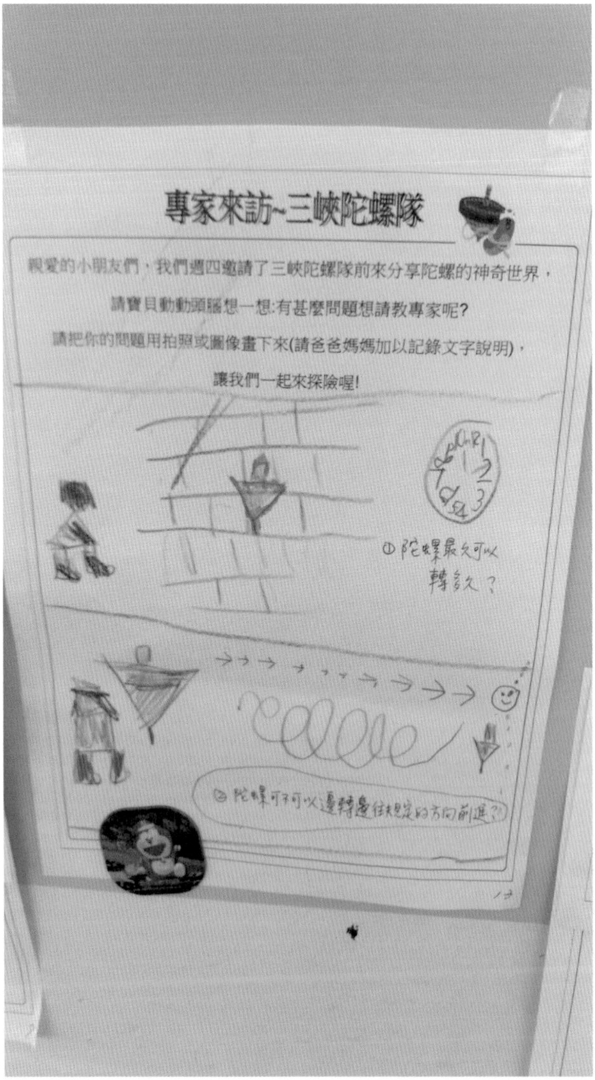 		

教學內容	預估時間	教學資源
二、幼兒向專家提問並記錄答案。 • 主要內容視教師邀請的專家再做詳細規劃。 ★幼兒在教師的引導下，向專家**提出**與陀螺相關的**科學問題**，以進行資料蒐集。	40 分鐘	
三、活動結束後，教師與幼兒一起討論先前提出的科學問題及答案，並請幼兒分享專家入園的心得。 • 鼓勵幼兒使用科學名詞分享學習到或了解到的新知識和訊息。 ★幼兒在教師的引導下，**討論**科學問題與**分享**心得，如圖 5-19 所示。 圖 5-19 教師與幼兒討論科學問題與分享心得 	20 分鐘	

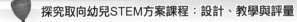

教學內容	預估時間	教學資源
※專家資訊 1. 林森海先生——阿海師（巨型陀螺） 聯絡方式：（電話）0932-066-431 （e-mail）show771127@yahoo.com.tw 2. 賴三義先生——臺中街頭藝人（中小型陀螺） 聯絡方式：（電話）04-22334868 / 0958-6866463 3. 三峽定點陀螺隊 代表人：曾國華 團員：董怡能、陳朝南、蔡漢修、曾琪盛 聯絡方式：（電話）02-26713769 / 0932-326-9704 （e-mail）taiwan.top2006@xuite.net 4. 大溪美華國小陀螺隊 聯絡方式：（電話）03-3882403 （傳真）03-38726795. 5. 簡基寬先生（陀螺製作） 聯絡方式：http://smilecc310.pixnet.net/album/set/41146 6. 蔡伯期先生——嘉義陀螺達人 聯絡方式：https://zh-tw.facebook.com/people/ 蔡伯期/100002260268621 （請私訊）		

<table>
<tr><td>主要概念</td><td>II.陀螺的玩法</td><td>設計者</td><td colspan="3">沈姿妤</td></tr>
<tr><td>活動名稱</td><td>II-1.來戰鬥吧！①</td><td>適用年齡</td><td>中大班</td><td>教學時間</td><td>40 分鐘</td></tr>
<tr><td>課程目標</td><td colspan="5">認-1-1 蒐集生活環境中的數學訊息
語-1-5 理解圖畫書的內容與功能</td></tr>
<tr><td>學習指標</td><td colspan="5">認-中-1-1-5 運用身邊物件為單位測量自然現象或文化產物特徵的訊息
語-大-1-5-2 理解故事的角色、情節與主題</td></tr>
<tr><td>教學目標</td><td colspan="5">1. 幼兒能夠操作各種陀螺，找出最強壯的陀螺
2. 幼兒能夠說出故事的角色與情節</td></tr>
<tr><th colspan="3">教學內容</th><th>預估時間</th><th colspan="2">教學資源</th></tr>
<tr><td colspan="3">一、教師分享陀螺比賽的故事：
在陀螺村裡住著各式各樣造型的陀螺，大家開心的生活在一起。有一天陀螺村長突發奇想，想要舉辦一場陀螺比賽，希望選出全陀螺村裡最厲害的陀螺。戰鬥陀螺、木頭陀螺、鋐鈕陀螺等陀螺都想來角逐，而且都認為自己是最厲害的陀螺，向村長吵著說自己就是最厲害的！每種陀螺都認為自己最厲害，戰鬥陀螺說：「我最厲害，因為我力氣最大，你們跟我比都會被我撞倒。」木頭陀螺說：「我最厲害，因為我是長老的陀螺，有大有小，只要跟繩子搭配的好，我可以轉得很久！」鋐鈕陀螺說：「我最厲害，因為只要轉緊我，我就可以轉得很久！」每個陀螺都認為自己是最厲害的，陀螺村長不知道該怎麼辦，要請幼兒來幫幫忙解決這個問題。
● 教師須搭配各種陀螺說故事。</td><td>10 分鐘</td><td colspan="2">各種陀螺</td></tr>
<tr><td colspan="3">二、延續故事，與幼兒討論哪一種陀螺最厲害。
● 教師引導幼兒發現力氣最大（最強壯）的陀螺。
● 教師示範問題：
1. 故事中有哪些陀螺呢？
2. 你們覺得哪種陀螺最厲害？為什麼呢？</td><td>5 分鐘</td><td colspan="2">各種陀螺</td></tr>
</table>

教學內容	預估時間	教學資源
三、教師先請幼兒預測哪種陀螺最強壯，並記錄在學習單 II-1「看誰比較強壯」上。再請幼兒於戰鬥盤上進行操作，使陀螺旋轉和互相撞擊，教師從旁協助幼兒將觀察到的現象及操作結果記錄在學習單 II-1 上。 ● 教師示範問題： 1. 這裡有很多種陀螺，你們覺得哪一種陀螺最強壯？ ★幼兒在教師的引導下，針對哪種陀螺最強壯**提出預測**，並在教師的協助下，將觀察到的結果記錄在學習單上，如圖 5-20 所示。 圖 5-20 教師和幼兒規劃比賽並請幼兒預測結果 	20 分鐘	各種陀螺、學習單 II-1、戰鬥盤
四、請幼兒分享操作陀螺後的發現，以及讓陀螺最強壯的可能原因。 ★幼兒在教師的引導下，分享操作陀螺後的發現，以及讓陀螺最強壯的可能原因。	5 分鐘	

〔學習單 II-1〕 小組成員：＿＿＿＿＿＿＿＿＿＿

～看誰比較強壯～

將比較強壯的陀螺圈起來

PK	PK
PK	PK

〔教具 II-1〕

戰鬥陀螺、發射器、戰鬥盤	木頭陀螺
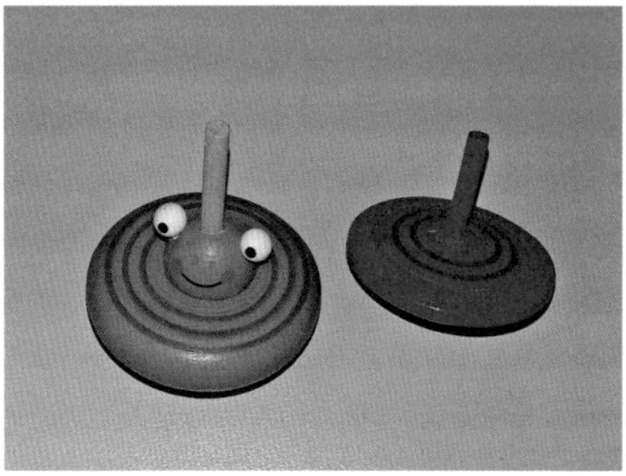	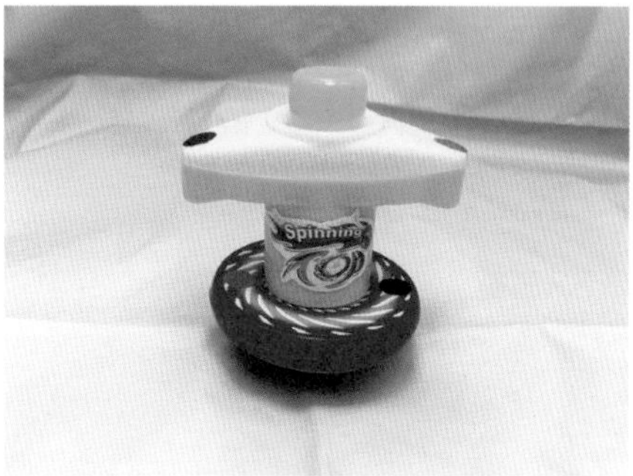
手捻陀螺	鉉鈕陀螺

積木陀螺	

主要概念	II.陀螺的玩法	設計者	沈姿妤		
活動名稱	II-2.來戰鬥吧！②	適用年齡	中大班	教學時間	40 分鐘
課程目標	認-1-1 蒐集生活環境中的數學訊息				
學習指標	認-中-1-1-5 運用身邊物件為單位測量自然現象或文化產物特徵的訊息				
教學目標	幼兒能夠操作各種陀螺，找出轉最久的陀螺				

教學內容	預估時間	教學資源
一、教師回顧陀螺比賽故事與上次的活動（測試哪種陀螺最強壯），接著引導幼兒了解轉很久的陀螺也很厲害，並引導幼兒如何測量時間。 • 教師須引導幼兒了解要利用計時器記錄陀螺旋轉秒數。 • 計時器種類不拘，依教師及幼兒取得方便為主，如電子手錶、碼表或手機等。 • 教師示範問題： 1. 上次我們知道最強壯的陀螺是╳╳╳，但是最厲害的陀螺除了要最強壯以外，還有什麼呢？ 2. 那我們要怎麼知道哪種陀螺轉最久呢？	10 分鐘	各種陀螺、計時器
二、教師幫助幼兒熟悉計時器的使用方式。 • 陀螺旋轉秒數從陀螺接觸到地面（或戰鬥盤）開始計時，直到陀螺完全停止。 • 教師可以讓幼兒多做練習，以熟悉計時器的使用，如圖 5-21 所示。 圖 5-21 教師協助幼兒熟悉計時器的使用方式 	10 分鐘	各種陀螺、計時器、戰鬥盤

教學內容	預估時間	教學資源
三、教師先請幼兒預測哪種陀螺轉得最久，並記錄在學習單 II-2「看誰比較久」上。再請幼兒於戰鬥盤上進行操作，使陀螺旋轉，教師從旁協助幼兒將觀察到的現象及操作結果記錄在學習單上。 ● 教師示範問題： 1. 這裡有很多陀螺，你們覺得哪一種陀螺可以轉得最久？ ★幼兒在教師的引導下，針對哪種陀螺轉得最久**提出預測**，並在教師的協助下，**操作**計時器**測量**陀螺旋轉的時間，**記錄**在學習單上。	15 分鐘	各種陀螺、學習單 II-2、戰鬥盤
四、分享操作陀螺後的發現，以及讓陀螺轉得最久的可能原因。 ★幼兒在教師的引導下，**分享**操作陀螺後的發現，以及讓陀螺轉得最久的可能原因，如圖 5-22 所示。 圖 5-22 教師和幼兒討論操作結果及影響轉動的可能原因 	5 分鐘	

〔學習單 II-2〕 小組成員：＿＿＿＿＿＿＿＿＿＿＿＿＿＿＿＿

～看誰比較久～

將轉最久的陀螺圈起來

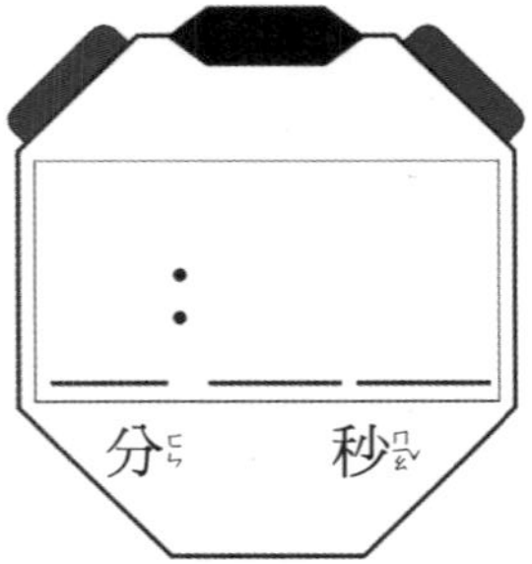

〔教具 II-2〕

戰鬥陀螺、發射器、戰鬥盤

木頭陀螺

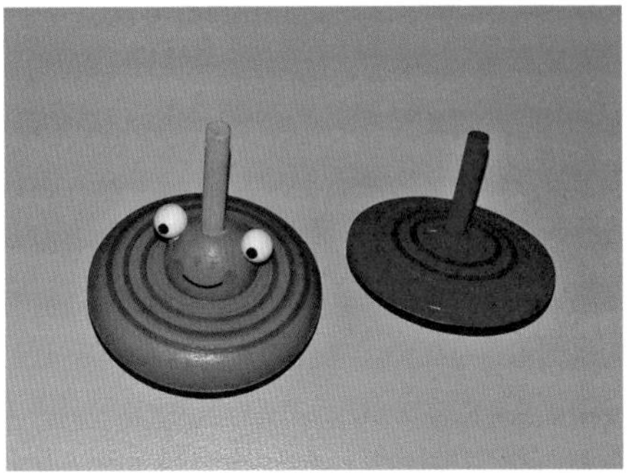

手捻陀螺

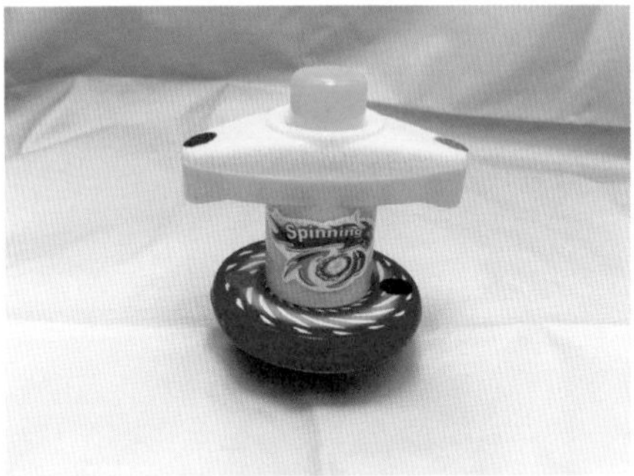

鉉鈕陀螺

積木陀螺

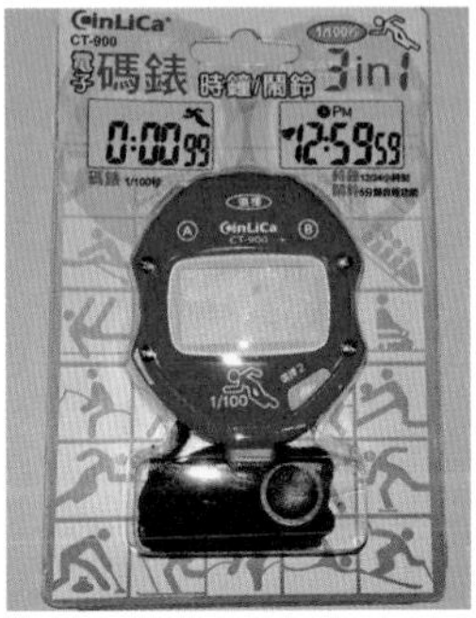

計時器

主要概念	III.影響陀螺旋轉的因素	設計者	林惠鈺		
活動名稱	III-1.戰勝摩力（摩擦力的大小）	適用年齡	中大班	教學時間	40 分鐘
課程目標	認-1-1 蒐集生活環境中的數學訊息 社-2-2 同理他人，並與他人互動				
學習指標	認-大-1-1-5 運用標準單位測量自然現象或文化產物特徵的訊息 社-中-2-2-3 依據活動的程序與他人共同進行活動				
教學目標	1. 幼兒能夠透過實驗發現地面材質會影響陀螺的旋轉時間 2. 幼兒能夠與他人共同進行實驗				

教學內容	預估時間	教學資源
一、與幼兒回顧前兩堂課的比賽情形，並討論還可以在哪些場地進行比賽，並預測陀螺在哪種地面材質可以轉得最久。 • 教師可以引導幼兒提出多種不同的地面材質做比較。 • 教師示範問題： 1. 上次我們在什麼地方比賽？還可以在哪裡比賽？ 2. 換地方比賽結果還會一樣嗎? 3. 同一顆陀螺在不同地方轉的時間會一樣嗎？ 4. 這些地方的表面摸起來有什麼不一樣？ 5. 陀螺在哪個地方可以轉最久？ ★幼兒在教師的引導下，**聚焦**影響陀螺旋轉的因素——地面材質（摩擦力），並針對哪種地面材質可以轉得最久**提出預測**。	5 分鐘	
二、教師挑選三至四種不同的地面材質，如教室地板、操場跑道、走廊、桌面、木地板、巧拼、布面、棉被，與幼兒討論比賽原則（各項變因），並設計實驗及預測可能的結果。 • 教師須讓學生理解各項變因的意義（哪些須改變，哪些須維持不變），但不需要使用變因類型的名詞（如控制變因）。 控制變因：陀螺的種類與重量、重心的高度、力臂的長度與施力大小（維持不變）。 操縱變因：地面材質（唯一變動的）。 應變變因：旋轉時間（結果）。	10 分鐘	三至四種地面材質（教室地板、操場跑道、走廊、桌面、木地板、巧拼、布面、棉被）

教學內容	預估時間	教學資源
• 教師示範問題（設計實驗）： 1. 我們現在要看看陀螺在哪種地面轉最久，要怎麼比呢？ 2. 我們想知道在不同的地面，哪個陀螺可以轉比較久，用不同種類的陀螺，然後比較它們誰轉得久，這樣公平嗎？可以比較得出來嗎？（控制陀螺的種類、樣貌） 3. 我們想知道在不同的地面，哪個陀螺可以轉比較久，用同樣兩顆陀螺，一顆輕輕轉、一顆很大力的轉，這樣公平嗎？可以比較得出來嗎？（控制施力大小） • 教師示範問題（預測）： 1. 你們覺得陀螺在哪種地面轉最久？ ★幼兒在教師的引導下，辨識哪些變因是需要改變或維持不變的，並**計畫**與**設計**實驗及針對結果**提出預測**。		
三、將幼兒分小組進行實驗，每組用相同的陀螺與相同的施力大小分別在三至四種不同地面材質上轉陀螺，利用計時器測量陀螺分別旋轉的時間，並記錄在學習單 III-1「戰勝摩力」上，以此觀察摩擦力與陀螺旋轉時間的關係。 ★幼兒在教師的協助下，**操作**計時器**測量**陀螺旋轉的時間，並**記錄**在學習單上，以**實驗**得出摩擦力與陀螺旋轉時間的關係，如圖 5-23 所示。 圖 5-23 幼兒測量陀螺在不同地面材質上的旋轉時間 	15 分鐘	三至四種地面材質、計時器、學習單 III-1

教學內容	預估時間	教學資源
四、請各組幼兒分享實驗中所觀察到的現象和記錄下的內容，最後教師再做統整與歸納。 ● 幼兒須在教師的統整與歸納下，了解到愈光滑的表面（摩擦力較小），愈不會阻擋陀螺的旋轉，所以陀螺旋轉愈久。 ★幼兒在教師的引導下，分享實驗過程和結果。	10 分鐘	
※延伸活動 1：觀察不同素材的材質。 教師拿出五個鞋盒請幼兒觸摸裡面的材質（巧拼、紙張、粗砂紙、圍巾），並說出觸摸的感覺。 ※延伸活動 2：透過木塊滑動的情形說明摩擦力。 教師利用推動木塊，觀察木塊在不同材質物件上滑動的情形。		

〔學習單 III-1〕 小組成員：＿＿＿＿＿＿＿＿＿＿

～戰勝摩力～

陀螺種類

(畫出陀螺)

地面材質

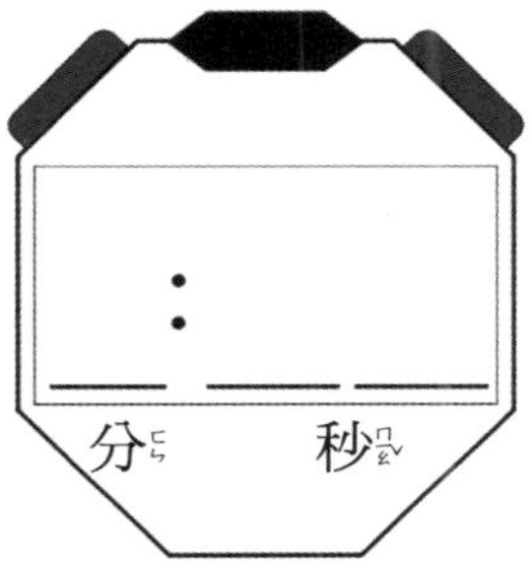	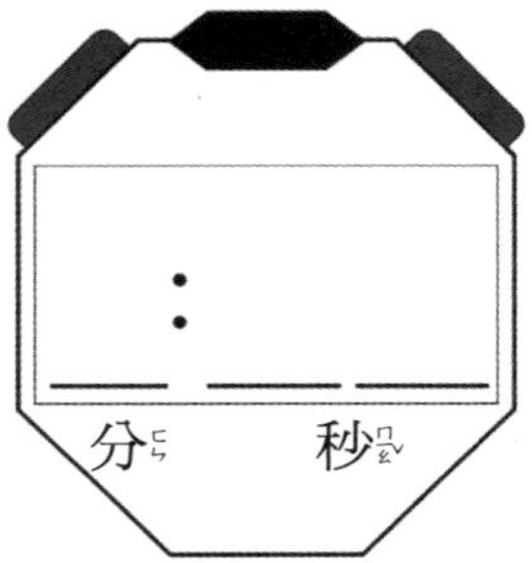	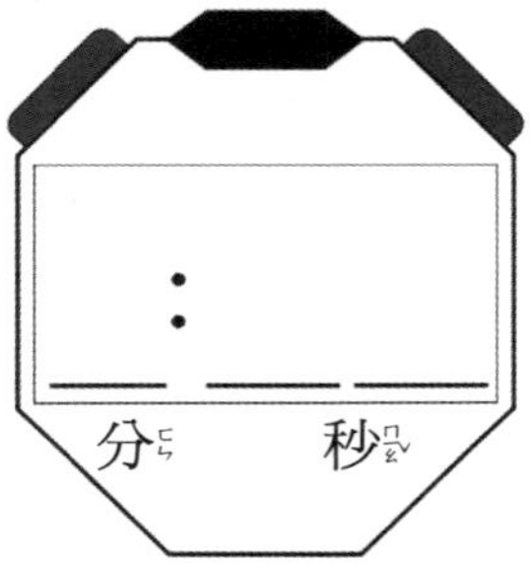	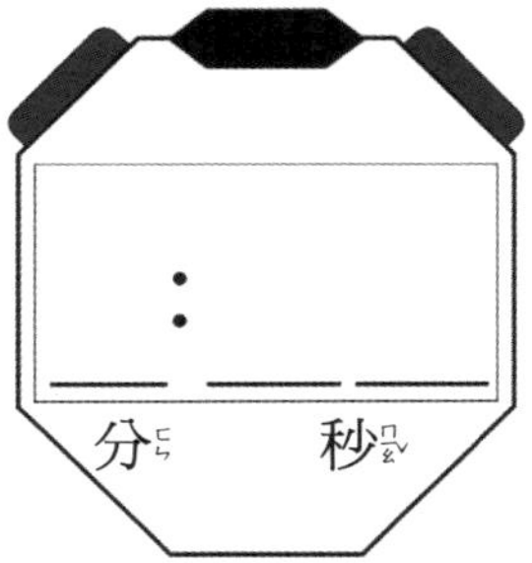

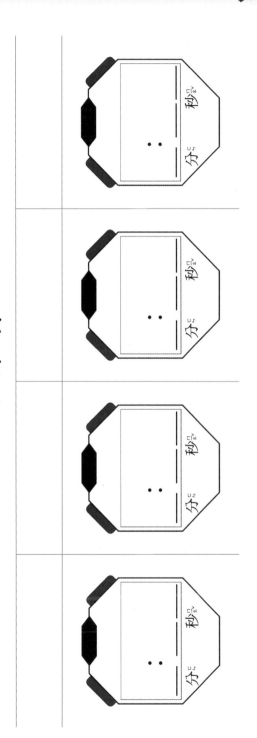

〔教具 III-1〕

戰鬥陀螺、發射器、戰鬥盤

木頭陀螺

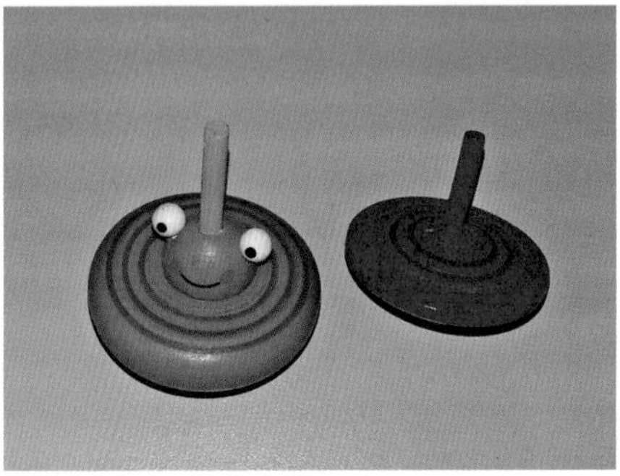

手捻陀螺

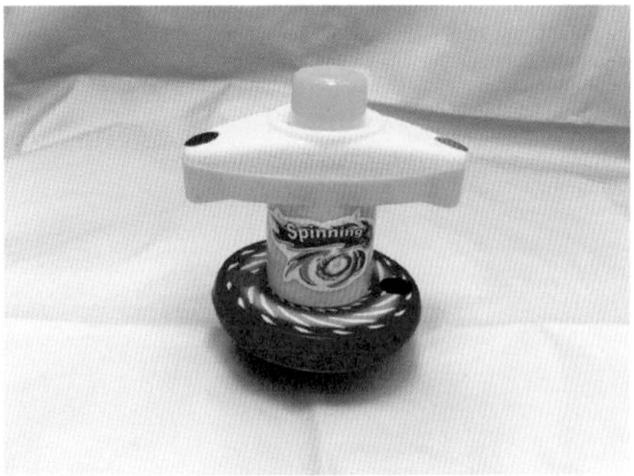

鉉鈕陀螺

積木陀螺

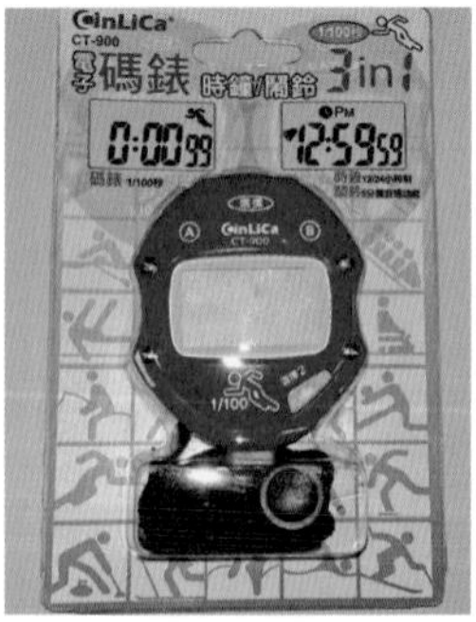

計時器

<table>
<tr><td>主要概念</td><td>III.影響陀螺旋轉的因素</td><td>設計者</td><td colspan="3">黃哲恩</td></tr>
<tr><td>活動名稱</td><td>III-2.高矮誰厲害（重心的高度）</td><td>適用年齡</td><td>中大班</td><td>教學時間</td><td>40 分鐘</td></tr>
<tr><td>課程目標</td><td colspan="5">認-1-1 蒐集生活環境中的數學訊息
社-2-2 同理他人，並與他人互動</td></tr>
<tr><td>學習指標</td><td colspan="5">認-大-1-1-5 運用標準單位測量自然現象或文化產物特徵的訊息
社-中-2-2-3 依據活動的程序與他人共同進行活動</td></tr>
<tr><td>教學目標</td><td colspan="5">1. 幼兒能夠透過實驗發現重心的高度會影響陀螺的旋轉時間
2. 幼兒能夠與他人共同進行實驗</td></tr>
<tr><th colspan="3">教學內容</th><th>預估時間</th><th colspan="2">教學資源</th></tr>
<tr><td colspan="3">一、教師拿出三顆不同重心的積木陀螺（如圖 5-24 所示，轉軸皆是 5 塊積木，黃色陀螺在第二塊積木的地方延伸出力臂，使陀螺重心最低；綠色陀螺在第三塊積木的地方延伸出力臂；紅色陀螺在第四塊積木的地方延伸出力臂，使陀螺重心最高），利用故事請幼兒觀察三顆積木陀螺的相同處與相異處，並預測哪一顆陀螺轉得比較久。
• 故事內容：陀螺三兄弟在吵架，老大黃陀螺說「我雖然腳最短，可是我頭最長，我是最會轉的人」，老二綠陀螺說「不對！我的腳長度剛好，我才是最會轉的人」，小弟紅陀螺說「我最漂亮而且腳最長，我才是最厲害的陀螺」。
• 教師需再次跟幼兒解釋重心的意思，陀螺體愈靠近地面，重心愈低；愈遠離地面，重心愈高。
教師可以引導幼兒發現三顆陀螺的重心不一樣，如圖 5-24 所示。

圖 5-24
三顆不同重心的積木陀螺
</td><td>10 分鐘</td><td colspan="2">三顆不同重心的積木陀螺</td></tr>
</table>

教學內容	預估時間	教學資源
● 教師示範問題： 1. 你們覺得這三顆陀螺有什麼地方一樣？又有什麼地方不一樣？ 2. 你們覺得哪一顆陀螺會旋轉得比較久呢？ ★幼兒在教師的引導下，**聚焦**影響陀螺旋轉的因素——重心的高度，並針對哪一顆陀螺可以轉得最久**提出預測**，如圖 5-25 所示。 圖 5-25 教師引導幼兒觀察三顆陀螺的相同處與相異處 		
二、教師與幼兒討論比賽原則（各項變因），並設計實驗及預測可能的結果。 控制變因：地面材質、陀螺的種類與重量、力臂的長度與施力大小（維持不變）。 操縱變因：重心的高度（唯一變動的）。 應變變因：旋轉的時間（結果）。 ● 教師示範問題（設計實驗）： 1. 這次我們要看陀螺的重心在哪個高度可以旋轉得最久，所以我們只能改變什麼？ 2. 那我們可以拿一顆重的陀螺和一顆輕的陀螺一起比嗎？（控制陀螺體重量） 3. 那我們可以拿一顆力臂很長的陀螺和一顆力臂很短的陀螺一起比嗎？（控制力臂的長度）	10 分鐘	積木陀螺 註：由於本單元的陀螺重心較高，故不適用積木陀螺發射器。請教師提醒幼兒用相近的力氣，徒手旋轉不同重心高度的陀螺。

教學內容	預估時間	教學資源
• 教師示範問題（預測）： 1. 你們覺得重心比較高的陀螺旋轉比較久，還是重心比較低的陀螺呢？ ★幼兒在教師的引導下，辨識哪些變因是需要改變與維持不變的，並**計畫**與**設計**實驗及針對結果**提出預測**。		
三、將幼兒分小組進行實驗，每組使用三種不同重心但力臂的長度和陀螺體的重量相同之積木陀螺做旋轉，利用計時器測量陀螺分別旋轉的時間，並記錄在學習單 III-2「高矮誰厲害」上，以此觀察重心的高度與陀螺旋轉時間的關係。 • 三顆積木陀螺須用相同的小積木組裝，使重量相同。 • 請幼兒使用相同力氣旋轉不同重心的積木陀螺。 ★幼兒在教師的協助下，**操作**計時器**測量**陀螺旋轉的時間，並**記錄**在學習單上，以**實驗**得出重心的高度與陀螺旋轉時間的關係，如圖 5-26 所示。 圖 5-26 幼兒測量陀螺旋轉時間及記錄 	15 分鐘	積木陀螺、學習單 III-2、計時器
四、請各組幼兒分享實驗中所觀察到的現象和記錄下的內容，最後教師再做統整與歸納。 • 幼兒須在教師的統整與歸納下，了解到重心的高度會影響陀螺旋轉的時間，重心過高或過低，陀螺旋轉的時間都比較短。 ★幼兒在教師的引導下，分享實驗過程和結果。	5 分鐘	

〔學習單 III-2〕 小組成員：________________________________

～高矮誰厲害～

陀螺種類： 積木陀螺

畫出 你的陀螺 （由下往上數，寫下重心位置）			
時間	___：___ ___ 分 秒	___：___ ___ 分 秒	___：___ ___ 分 秒

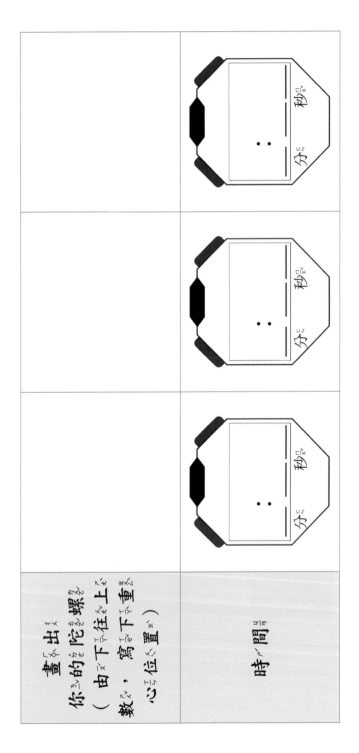

〔教具 III-2〕

<table>
<tr><td colspan="2"></td></tr>
<tr><td colspan="2">三顆不同重心的積木陀螺</td></tr>
<tr><td>
</td><td></td></tr>
<tr><td>計時器</td><td></td></tr>
</table>

<table>
<tr><td>主要概念</td><td>III.影響陀螺旋轉的因素</td><td>設計者</td><td colspan="3">林惠鈺</td></tr>
<tr><td>活動名稱</td><td>III-3.陀螺手臂的秘密（力臂的長度）</td><td>適用年齡</td><td>中大班</td><td>教學時間</td><td>40 分鐘</td></tr>
<tr><td>課程目標</td><td colspan="5">認-1-1 蒐集生活環境中的數學訊息
社-2-2 同理他人，並與他人互動</td></tr>
<tr><td>學習指標</td><td colspan="5">認-大-1-1-5 運用標準單位測量自然現象或文化產物特徵的訊息
社-中-2-2-3 依據活動的程序與他人共同進行活動</td></tr>
<tr><td>教學目標</td><td colspan="5">1. 幼兒能夠透過實驗發現力臂的長度會影響陀螺的旋轉時間
2. 幼兒能夠與他人共同進行實驗</td></tr>
<tr><td colspan="3">教學內容</td><td>預估時間</td><td colspan="2">教學資源</td></tr>
<tr><td colspan="3">一、教師拿出兩顆不同力臂的積木陀螺（如圖 5-27 所示，綠色陀螺用 1 塊方塊積木長度當兩邊的力臂；紅色陀螺用 2 塊方塊積木當兩邊的力臂），請幼兒觀察兩顆陀螺的相同處與相異處，並預測哪一顆陀螺轉得比較久。
● 教師可以引導幼兒發現兩顆陀螺的力臂長度不一樣。

圖 5-27
不同力臂長度的積木陀螺

● 教師示範問題：
1. 你們覺得這兩顆陀螺有什麼一樣的地方？又有什麼地方不一樣？
2. 你們覺得哪一顆陀螺會旋轉得比較久呢？
★幼兒在教師的引導下，聚焦影響陀螺旋轉的因素──力臂的長度，並針對哪一顆陀螺可以轉得最久提出預測。</td><td>5 分鐘</td><td colspan="2">兩顆不同力臂的積木陀螺</td></tr>
</table>

教學內容	預估時間	教學資源
二、與幼兒討論哪個力臂長度可以轉最久的比賽原則（各項變因），並設計實驗及預測可能的結果。在討論到如何控制施力大小時，教師介紹發射器可控制施力大小及使用方法。 • 教師須讓學生理解各項變因的意義（哪些須改變，哪些須維持不變），但不需要使用變因類型的名詞（如控制變因）。 控制變因：地面材質、陀螺的種類、重心的高度與施力大小（維持不變）。 操縱變因：力臂的長度（唯一變動的）。 應變變因：旋轉時間（結果）。 • 為了讓不同力臂的陀螺看起來相似，故在此不考慮陀螺體的重量，但在進行實驗時，力臂差異不宜過大，以免造成陀螺體的重量差異太大，影響實驗結果。 • 教師示範問題（設計實驗）： 1. 這次我們要看陀螺的力臂在哪個長度可以旋轉得最久，所以我們只能改變陀螺的哪個部分才能比較？ 2. 那我們可以用兩顆不同力臂、相同重量但不同重心的陀螺一起比嗎？（控制重心） 3. 那我們可以把兩顆不同力臂、相同重量、相同重心的陀螺，放在不同的地面比嗎？（控制地面材質） 4. 那我們可以把兩顆不同力臂、相同重量、相同重心的陀螺，放在相同的地面，但用不同的力氣去轉動陀螺嗎？（控制施力大小） • 教師示範問題（預測）： 1. 你們覺得力臂比較長的陀螺旋轉比較久，還是力臂比較短的陀螺呢？ ★幼兒在教師的引導下，辨識哪些變因是需要改變與維持不變的，並**計畫**與**設計**實驗及針對結果**提出預測**。	15 分鐘	積木陀螺、發射器
三、將幼兒分小組進行實驗，每組使用二種不同力臂但重心的高度相同之積木陀螺做旋轉，利用計時器測量陀螺分別旋轉的時間，並記錄在學習單 III-3「陀螺手臂的秘密」上，以此觀察力臂的長度與陀螺旋轉時間的關係。	15 分鐘	積木陀螺、發射器、學習單 III-3、計時器

<table>
<tr><th>教學內容</th><th>預估
時間</th><th>教學資源</th></tr>
<tr><td>

- 教師須先指導幼兒熟悉計時器。
- 教師提醒幼兒使用發射器時，需按照步驟並注意安全。
- 積木陀螺發射器使用步驟（如圖 5-28 至 5-31 所示）：發射者取出發射器並以左手握住握把（圖 5-28）、右手逆時針將握把上方木片旋轉至握把處（圖 5-29）、請另一位幼兒協助將陀螺置於發射器凹槽（圖 5-30）、放置陀螺的幼兒將手拿開、發射者將右手放開，並讓木片撞擊陀螺（圖 5-31）。

圖 5-28
步驟 1

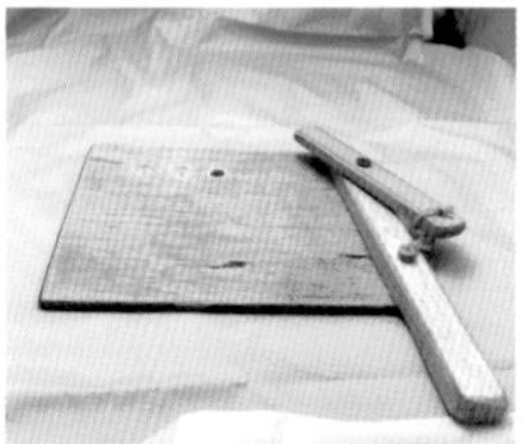

圖 5-29
步驟 2

圖 5-30
步驟 3

圖 5-31
步驟 4

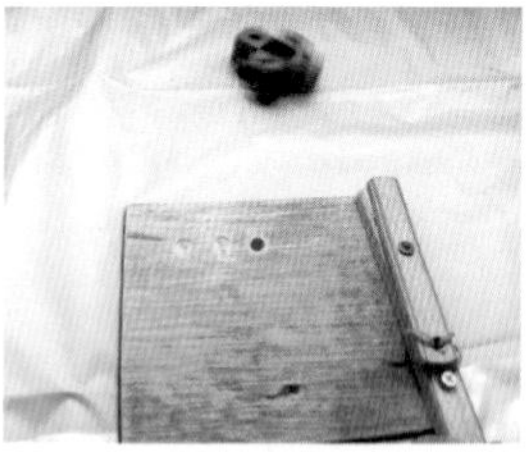

★幼兒在教師的協助下，**操作**計時器**測量**陀螺旋轉的時間，並**記錄**在學習單上，以**實驗**得出力臂的長度與陀螺旋轉時間的關係，如圖 5-32 所示。

</td><td></td><td></td></tr>
</table>

教學內容	預估時間	教學資源
圖 5-32 幼兒操作陀螺、測量旋轉時間及記錄 		
四、請各組幼兒分享實驗中所觀察到的現象和記錄下的內容，最後教師再做統整與歸納。 • 幼兒須在教師的統整與歸納下，了解到力臂的長度會影響陀螺旋轉的時間，力臂過長或過短，陀螺旋轉的時間都比較短。 ★幼兒在教師的引導下，分享實驗過程和結果。	5 分鐘	

〔學習單 III-3〕 小組成員：＿＿＿＿＿＿＿＿＿＿

～陀螺手臂的秘密～

陀螺種類：積木陀螺

畫出你的陀螺（寫下手臂的積木個數）			
時間	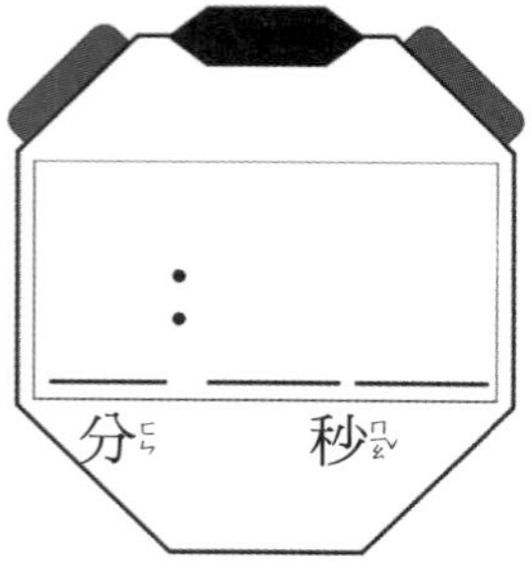	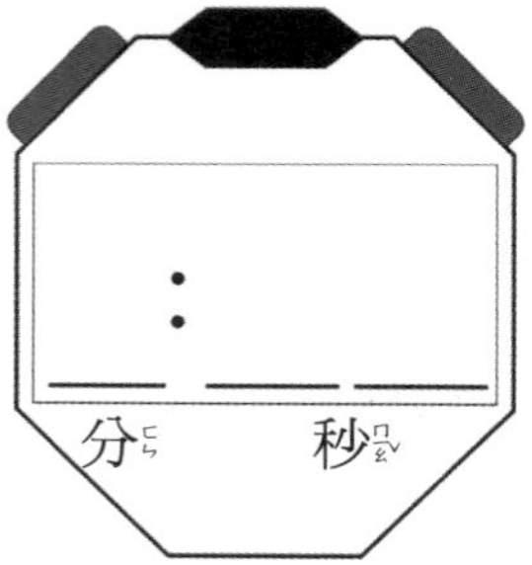	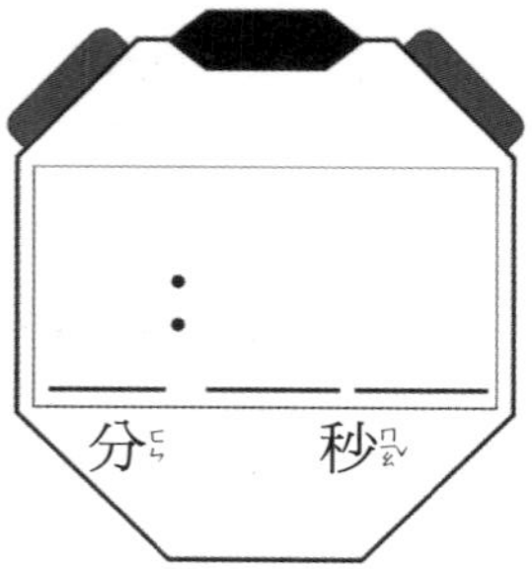

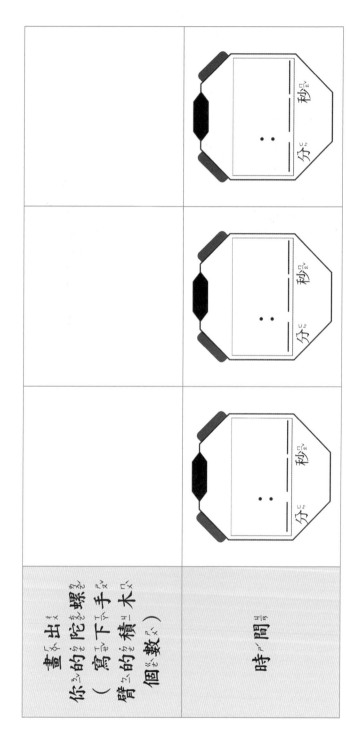

〔教具 III-3〕

積木陀螺

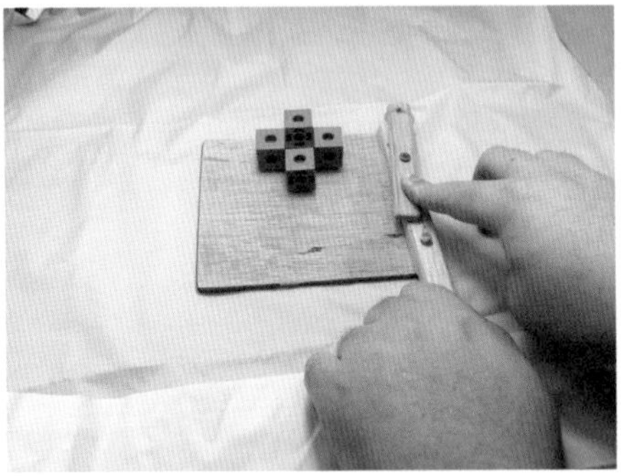

積木陀螺與發射器

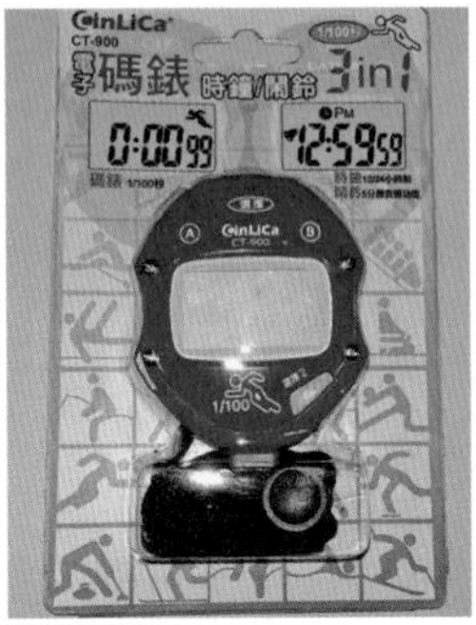

計時器

<table>
<tr><td>主要概念</td><td>III.影響陀螺旋轉的因素</td><td>設計者</td><td colspan="3">黃哲恩</td></tr>
<tr><td>活動名稱</td><td>III-4.陀螺大相撲（陀螺體的重量）</td><td>適用年齡</td><td>中大班</td><td>教學時間</td><td>40 分鐘</td></tr>
<tr><td>課程目標</td><td colspan="5">認-1-1 蒐集生活環境中的數學訊息
社-2-2 同理他人，並與他人互動</td></tr>
<tr><td>學習指標</td><td colspan="5">認-大-1-1-5 運用標準單位測量自然現象或文化產物特徵的訊息
社-中-2-2-3 依據活動的程序與他人共同進行活動</td></tr>
<tr><td>教學目標</td><td colspan="5">1. 幼兒能夠透過實驗發現陀螺體的重量會影響陀螺的強壯度
2. 幼兒能夠與他人共同進行實驗</td></tr>
<tr><td colspan="3">教學內容</td><td>預估時間</td><td colspan="2">教學資源</td></tr>
<tr><td colspan="3">一、教師拿出三顆不同重量的積木陀螺，控制陀螺的力臂長度及重心高度，分別用 11、13、15 塊方塊積木製作成三顆不同重量的陀螺（如圖 5-33 所示），利用故事請幼兒觀察三顆積木的相同處與相異處，並預測哪一顆陀螺比較強壯。
● 故事內容：有另外三個重量不一樣的陀螺三兄弟，他們要進行相撲比賽，看誰會被撞飛就輸了。
● 教師可以引導幼兒發現三顆陀螺的積木個數不一樣，重量也不一樣，如圖 5-33 所示。

圖 5-33
不同重量、相同力臂長的積木陀螺

● 教師示範問題：
1. 你們覺得這三顆陀螺有什麼地方一樣？又有什麼地方不一樣？
2. 你們覺得哪一顆陀螺力氣最大、最強壯？
★幼兒在教師的引導下，<u>聚焦</u>影響陀螺旋轉的因素——陀螺體的重量，並針對哪一顆陀螺最強壯<u>提出預測</u>。</td><td>10 分鐘</td><td colspan="2">三顆不同重量的積木陀螺</td></tr>
</table>

教學內容	預估時間	教學資源
二、教師與幼兒討論比賽原則（各項變因），並設計實驗及預測可能的結果。 控制變因：地面材質、陀螺的種類、重心的高度、力臂的長度與施力大小（維持不變）。 操縱變因：陀螺體的重量（唯一變動的）。 應變變因：可以把別的陀螺撞飛（結果）。 ● 教師示範問題（設計實驗）： 1. 這次我們要看陀螺的重量要多重才可以把別的陀螺撞飛，所以我們只能改變什麼？ 2. 那我們可以拿一顆重心很高的陀螺和一顆重心很低的陀螺一起比嗎？（控制重心的高度） 3. 那我們可以拿一顆力臂很長的陀螺和一顆力臂很短的陀螺一起比嗎？（控制力臂的長度） ● 教師示範問題（預測）： 1. 你們覺得比較重的陀螺還是比較輕的陀螺，可以把別的陀螺撞飛呢？ ★幼兒在教師的引導下，辨識哪些變因是需要改變與維持不變的，並**計畫**與設計實驗及針對結果**提出預測**。	10 分鐘	積木陀螺
三、將幼兒分小組進行實驗，每組使用三種不同重量但重心的高度和力臂的長度相同之積木陀螺，幼兒運用相同的力氣旋轉陀螺，每次轉兩個陀螺，兩兩對撞比較哪一個陀螺會被撞飛，並將結果記錄在學習單 III-4「陀螺大相撲」上，以此觀察陀螺體的重量與陀螺強壯度的關係。 ★幼兒在教師的協助下，將陀螺兩兩對撞，並將結果**記錄**在學習單上，以**實驗**得出哪一顆陀螺最強壯，如圖 5-34 所示。	15 分鐘	積木陀螺、戰鬥盤、學習單 III-4

教學內容	預估時間	教學資源
圖 5-34 幼兒操作陀螺兩兩對撞並將結果記錄在學習單上 		
四、請各組幼兒分享實驗中所觀察到的現象和記錄下的內容，最後教師再做統整與歸納。 ● 幼兒須在教師的統整與歸納下，了解到陀螺體的重量會影響陀螺的強壯度。 ★幼兒在教師的引導下，分享實驗過程和結果。	5 分鐘	

〔學習單 III-4〕 小組成員：＿＿＿＿＿＿＿＿＿＿＿＿＿＿＿＿

～陀螺大相撲～

陀螺種類：積木陀螺

畫出你的陀螺			
積木的總個數			

☆兩個兩個比賽，將最強壯的陀螺圈起來。

〔教具 III-4〕

不同重量、相同力臂長的積木陀螺

戰鬥盤

主要概念	IV.陀螺的設計	設計者	劉曉帆		
活動名稱	IV-1.陀螺個人賽	適用年齡	中大班	教學時間	40 分鐘
課程目標	認-1-3 蒐集文化產物的訊息				
學習指標	認-中-1-3-2 以圖像或符號記錄生活物件的多項訊息				
教學目標	幼兒能夠考量到重心的高度、力臂的長度和陀螺體的重量去製作轉得久和強壯的陀螺				

教學內容	預估時間	教學資源
一、教師引領幼兒唱兒歌——《小陀螺》（旋律：《小星星》）。 轉吧轉吧小陀螺　歡迎來到陀螺國 飛在天上會掉落　轉在地上會閃爍 受到攻擊要閃躲　最後勝利要爭奪	5 分鐘	音響、鈴鼓
二、教師展示自製陀螺（與學習區中幼兒製作的各種陀螺），並與幼兒討論製作這些陀螺的素材。 ● 教師可製作的陀螺範例： 1. 紙陀螺 在厚紙板上畫出喜歡的陀螺形狀（圓形、三角形、正方形等），將形狀剪下，並想辦法找出中心點，在中心點位置用筆作記號，接著使用彩色筆或水彩裝飾陀螺，最後將竹筷子裁切至希望的長度（裁切的部分請教師協助），插入陀螺中心點，使用熱熔槍將其固定即完成。 2. 光碟陀螺 使用壓克力顏料或各種顏色的油性奇異筆，依據設計圖在光碟片上彩繪喜歡的線條或圖案。顏料乾掉後，使用熱熔槍將玻璃彈珠緊緊黏在光碟正中間的洞中，接著將寶特瓶瓶蓋的周圍塗上一層熱熔膠，把瓶蓋黏在光碟的正中間位置，用力壓緊使其牢固，待乾後即完成。 3. 百利智慧片陀螺／雪花片陀螺 使用百利智慧片組裝陀螺，確認牢固能旋轉即完成。	5 分鐘	教師自製陀螺
三、教師向幼兒說明要舉辦一場陀螺比賽，比賽項目分別是最強壯及轉最久。先請幼兒決定要參加哪一個項目，再去拿取材料製作陀螺。 ● 教師須準備各種素材供幼兒製作陀螺。 ● 教師引導幼兒利用先前學到的概念製作陀螺。	15 分鐘	製作陀螺的材料（光碟片、積木、雪花片、厚紙板、木板、奶粉蓋、圖畫紙、奇異筆、蠟

教學內容	預估時間	教學資源
• 教師示範問題（引導學生回顧）： 1. 陀螺要怎麼樣才可以轉比較久？可以想想看我們之前做的實驗，像是重心的高度、力臂的長度要怎麼設計呢？ 2. 那陀螺要怎麼樣比較強壯呢？等一下比賽跟別人的陀螺碰撞才不會被撞開。和陀螺體的重量有關係嗎？ ★幼兒在教師的協助下，操作合適的工具與素材製作陀螺，如圖 5-35 所示。 圖 5-35 幼兒製作陀螺 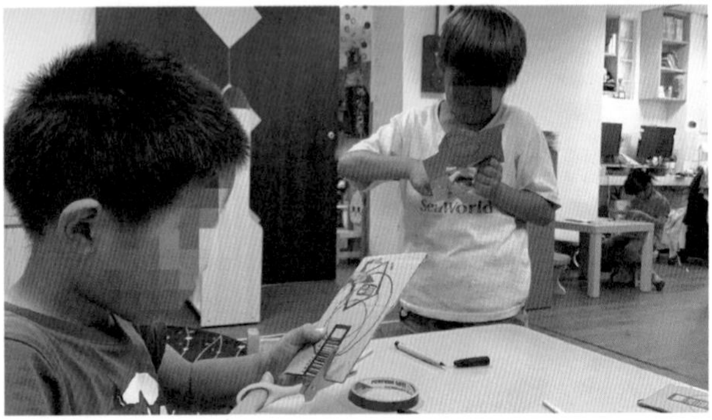		筆、尺、圓規、剪刀等）
四、待幼兒製作完成陀螺後，進行比賽。 • 最強壯：將幼兒分成兩兩一組，讓彼此的陀螺碰撞，以找出獲勝者。 • 轉最久：讓幼兒的陀螺同時進行旋轉，用計時器計時，以找出獲勝者。 ★幼兒在教師的協助下，進行**系統性觀察**最強壯的陀螺，並**操作**計時器**測量**陀螺旋轉的時間，如圖 5-36 所示。	10 分鐘	計時器

教學內容	預估時間	教學資源
圖 5-36 幼兒以製作完成之陀螺進行比賽 		
五、比賽過後，教師引導學生討論陀螺獲勝的原因。 ● 教師須引導幼兒從重心的高度、力臂的長度和陀螺體的重量來探討陀螺獲勝的原因。 ● 教師示範問題： 1. 為什麼╳╳╳的陀螺會那麼強壯？跟它的重量有關係嗎？ 2. 為什麼╳╳╳的陀螺轉最久？跟它的重心有關係嗎？還是跟它的力臂有關係？ ★幼兒在教師的引導下，**聚焦**與**討論**陀螺獲勝的原因。	5 分鐘	

〔教具 IV-1〕

計時器

<table>
<tr><td>主要概念</td><td>IV.陀螺的設計</td><td>設計者</td><td colspan="3">劉曉帆</td></tr>
<tr><td>活動名稱</td><td>IV-2.就是你了！╳╳╳陀螺</td><td>適用年齡</td><td>中大班</td><td>教學時間</td><td>40 分鐘</td></tr>
<tr><td>課程目標</td><td colspan="5">認-2-3 整理文化產物訊息間的關係
語-2-2 以口語參與互動</td></tr>
<tr><td>學習指標</td><td colspan="5">認-大-2-3-3 與他人討論生活物件與生活的關係
語-大-2-2-3 在團體互動情境中參與討論</td></tr>
<tr><td>教學目標</td><td colspan="5">1. 幼兒能夠利用前幾堂課所學到的概念設計陀螺
2. 幼兒能夠向別人分享自己所設計的陀螺</td></tr>
<tr><td colspan="3">教學內容</td><td>預估時間</td><td colspan="2">教學資源</td></tr>
<tr><td colspan="3">一、播放陀螺歌──《小陀螺》（同 IV-1），教師帶領幼兒跟著音樂節奏自由做出陀螺旋轉的動作。</td><td>5 分鐘</td><td colspan="2">音響、鈴鼓</td></tr>
<tr><td colspan="3">二、教師和幼兒討論可以進行的陀螺競賽有哪些，最後歸納出三種競賽及獎項──最佳創作獎（最有創意）、最佳戰鬥獎（最強壯）、最佳持久獎（轉最久）。並向幼兒說明所有陀螺皆要參加「最佳創作獎」；而「最佳戰鬥獎」和「最佳持久獎」擇一參加。</td><td>5 分鐘</td><td colspan="2"></td></tr>
<tr><td colspan="3">三、教師先將幼兒分小組，小組內先決定出要參加「最佳戰鬥獎」還是「最佳持久獎」，決定好後，幼兒再各自設計出自己的陀螺。
• 請教師平均分配參加「最佳戰鬥獎」和「最佳持久獎」的組別數。
• 組別數過少的班級，「最佳戰鬥獎」和「最佳持久獎」擇一舉辦。</td><td>20 分鐘</td><td colspan="2">圖畫紙、美術用具（彩色筆、蠟筆、鉛筆等）、尺</td></tr>
<tr><td colspan="3">四、請每位幼兒向組員介紹自己設計的陀螺，然後利用前幾堂課所學到的概念討論和票選要用哪一位組員的陀螺，再一起為該陀螺命名。
• 教師須引導幼兒利用專有名詞（重心的高度、力臂的長度和陀螺體的重量）說服他人選擇自己的陀螺。
★幼兒在教師的引導下，能利用專有名詞向他人分享自己設計的陀螺，並利用前幾堂課所學到的概念討論要選擇哪一顆陀螺，如圖 5-37 所示。</td><td>10 分鐘</td><td colspan="2"></td></tr>
</table>

教學內容	預估時間	教學資源
圖 5-37 幼兒向組員分享自己設計的陀螺 		

<table>
<tr><td>主要概念</td><td>IV.陀螺的設計</td><td>設計者</td><td colspan="3">劉曉帆</td></tr>
<tr><td>活動名稱</td><td>IV-3.動手做陀螺</td><td>適用年齡</td><td>中大班</td><td>教學時間</td><td>40 分鐘</td></tr>
<tr><td>課程目標</td><td colspan="5">認-3-1 與他人合作解決生活環境中的問題
美-2-2 運用各種形式的藝術媒介進行創作</td></tr>
<tr><td>學習指標</td><td colspan="5">認-大-3-1-1 與同伴討論解決問題的方法，並與他人合作實際執行
美-中-2-2-1 運用各種視覺藝術素材與工具，進行創作</td></tr>
<tr><td>教學目標</td><td colspan="5">1. 幼兒能夠與他人分工合作完成陀螺
2. 幼兒能夠運用適宜的材料和工具製作陀螺</td></tr>
<tr><td colspan="3">教學內容</td><td>預估時間</td><td colspan="2">教學資源</td></tr>
<tr><td colspan="3">一、教師與幼兒唸閩南語唸謠《打陀螺》：
打陀螺（打甘落），真好玩（金厚勝），繩子長長慢慢轉（耆ㄚ等等誇誇瞪），功夫要好（公夫愛厚），就要問（丟愛萌），包你打到真會玩（包里帕尬金敖勝）。</td><td>5 分鐘</td><td colspan="2">音響、鈴鼓</td></tr>
<tr><td colspan="3">二、教師和幼兒回顧上次各組選出來的設計圖，各自討論製作陀螺需要用到的材料和工具，並開始分工合作完成陀螺。
● 教師可以準備各種素材與工具供幼兒使用，如厚紙板、竹筷子、廢棄光碟片、玻璃彈珠、寶特瓶瓶蓋、百利智慧片積木組、雪花片組、海報紙、膠帶、熱熔槍、剪刀、彩色筆、水彩、美工刀、壓克力顏料或油性奇異筆、麥克筆、剪刀、白膠等。
★幼兒在教師的協助下，<u>計畫</u>所需的材料及做工作分配，並<u>操作</u>合適的工具與素材製作陀螺，如圖 5-38 所示。

圖 5-38
各組分工合作製作陀螺

</td><td>20 分鐘</td><td colspan="2">各組製作陀螺會運用到的材料和工具</td></tr>
</table>

教學內容	預估時間	教學資源
三、小組完成陀螺後，進行測試，並將陀螺旋轉的結果記錄於學習單Ⅳ-3「陀螺測試①」上。測試完後，組內討論要如何調整和修改才可以讓陀螺最強壯或是轉最久。 • 教師引導幼兒利用先前的實驗經驗，一次改變一個部分（變因），例如：先針對陀螺的對稱性作修改，然後再針對重心的高度作修改。 ★幼兒在教師的引導下，操作計時器測量陀螺旋轉的時間，記錄於學習單上，並與他人討論要如何調整和修改陀螺。	15 分鐘	學習單 IV-3

〔學習單 IV-3〕 小組成員：____________________

～陀螺測試①　～

原始版

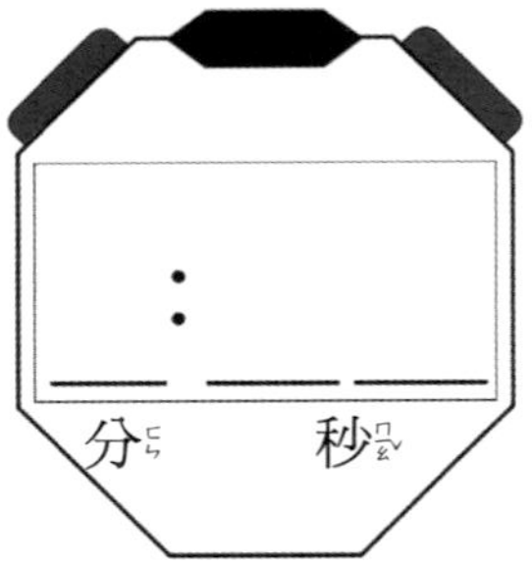

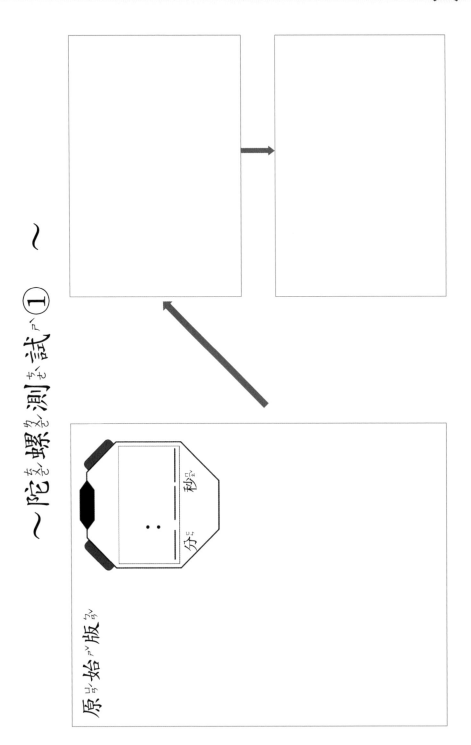

主要概念	IV.陀螺的設計	設計者	劉曉帆		
活動名稱	IV-4.我們的陀螺最厲害	適用年齡	中大班	教學時間	40 分鐘
課程目標	認-3-1 與他人合作解決生活環境中的問題 美-3-2 欣賞藝術創作或展演活動，回應個人的看法				
學習指標	認-大-3-1-1 與同伴討論解決問題的方法，並與他人合作實際執行 美-中-3-2-1 欣賞視覺藝術創作，描述作品的內容				
教學目標	1. 幼兒能夠測試、調整與修改陀螺 2. 幼兒能夠與他人分享該組陀螺的特色				

教學內容	預估時間	教學資源
一、教師引領幼兒唱兒歌（旋律：《王老先生有塊地》）。 彩虹陀螺愛跌倒　依呀依呀喲 誰來幫忙小陀螺　依呀依呀喲 這裡修修修　那裡修修修 這裡修　那裡修　大家都在修修 彩虹陀螺愛跌倒　依呀依呀喲	5 分鐘	音響、鈴鼓
二、教師引導幼兒針對上次的測試進行調整與修改，並再次測試陀螺旋轉情形，依結果重複進行調整與修改，並記錄於學習單 IV-4「陀螺測試②」，以達到陀螺最佳狀況。最後再請幼兒將最終的陀螺畫下，並記錄陀螺的基本構造。 ★幼兒在教師的協助下，實驗出最佳陀螺，並運用圖像與其他表徵記錄陀螺的基本構造。	20 分鐘	各組製作陀螺會運用到的材料和工具、學習單 IV-4
三、教師請各組上臺介紹陀螺的構造和特色、分享調整與修改的過程。 • 教師須引導學生利用專有名詞（陀螺體、轉軸、力臂）向他人介紹自己的陀螺。 • 教師須鼓勵學生欣賞別組的陀螺，並給予讚美。 ★幼兒在教師的引導下，能利用專有名詞向他人分享自己設計的陀螺與修改過程，如圖 5-39 所示。	15 分鐘	

<table>
<tr><th>教學內容</th><th>預估時間</th><th>教學資源</th></tr>
<tr><td>圖 5-39
各組介紹自己設計的陀螺及分享修改的過程
</td><td></td><td></td></tr>
<tr><td colspan="3">※延伸活動：
語文區：介紹小組陀螺的優勢、有關陀螺的繪本及知識類圖畫書。
美勞區：製作陀螺、製作邀請卡、比賽海報、陀螺小書。
益智區：操作陀螺拼圖、陀螺翻翻牌。
扮演區：想要當裁判的幼兒，可以在扮演區練習，由大家票選出最佳裁判，也可設計裁判的服裝或配件。</td></tr>
</table>

〔學習單 IV-4〕 小組成員：＿＿＿＿＿＿＿＿＿＿

～陀螺測試② ～

最終版
（標示出
陀螺體、
轉軸、力臂
的位置）

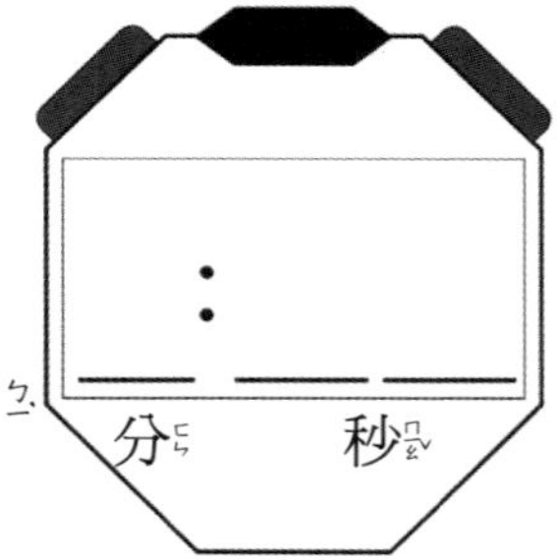

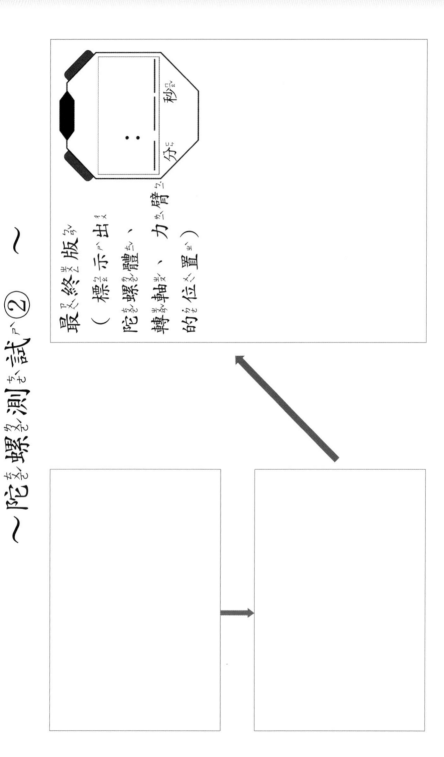

<table>
<tr><td>主要概念</td><td>IV.陀螺的設計</td><td>設計者</td><td colspan="3">劉曉帆</td></tr>
<tr><td>活動名稱</td><td>IV-5.我們是～陀螺好朋友</td><td>適用年齡</td><td>中大班</td><td>教學時間</td><td>40 分鐘</td></tr>
<tr><td>課程目標</td><td colspan="5">認-2-3 整理文化產物訊息間的關係
社-2-3 調整自己的行動，遵守生活規範與活動規則</td></tr>
<tr><td>學習指標</td><td colspan="5">認-大-2-3-3 與他人討論生活物件與生活的關係
社-大-2-3-3 與他人共同訂定活動規則，遵守共同協議</td></tr>
<tr><td>教學目標</td><td colspan="5">1. 幼兒能夠依照重心的高度、力臂的長度和陀螺體的重量說出陀螺獲勝的原因
2. 幼兒能夠與他人公平進行陀螺比賽</td></tr>
<tr><td colspan="3">教學內容</td><td>預估時間</td><td colspan="2">教學資源</td></tr>
<tr><td colspan="3">一、播放全新戰鬥陀螺爆烈世代歌，並請擔任裁判的幼兒出來說明比賽規則與注意事項。
● 三種競賽與獎項：「最佳創作獎」（最有創意）、「最佳戰鬥獎」（最強壯）、「最佳持久獎」（轉最久）。
● 比賽進行前，教師可以引導裁判大聲宣誓規則及：「誰輸誰贏不重要，大家都是陀螺好朋友。」
● 全新戰鬥陀螺爆烈世代歌：
https://www.youtube.com/watch?v=PDldmBoIiWg</td><td>5 分鐘</td><td colspan="2">音響、海報</td></tr>
<tr><td colspan="3">二、進行「最佳創作獎」（最有創意）的票選：請各組將陀螺展示在桌上，每位幼兒與觀賽來賓、教師各有一票，大家票選出外觀最有創意的陀螺，最高票的組別獲勝。
● 教師可依教學現場做票選規則的調整，如圖 5-40 所示。

圖 5-40
票選「最佳創作獎」
</td><td>15 分鐘</td><td colspan="2">展示桌、桌巾、壓克力標示牌、點點貼（投票用）</td></tr>
</table>

教學內容	預估時間	教學資源
三、進行「最佳戰鬥獎」（最強壯）的競賽：先決定出場順序與對戰組別，兩兩對抗，選出最後獲勝組別。 ● 教師可以畫出對戰圖，讓幼兒了解對戰狀況。 ★幼兒在教師的協助下，**系統性觀察**何者為最強壯的陀螺，如圖 5-41 所示。 圖 5-41 「最佳戰鬥獎」競賽 	10 分鐘	對戰圖
四、進行「最佳持久獎」（轉最久）的競賽：裁判吹哨後，全班一起數：「321 戰鬥開始」，選手旋轉陀螺同時，教師按下計時器，轉得最久的陀螺即為優勝組別。 ★幼兒在教師的協助下，**操作**計時器**測量**陀螺旋轉的時間。	5 分鐘	哨子、計時器
五、比賽過後，教師引導學生討論陀螺獲勝的原因。 ● 教師須引導幼兒從重心的高度、力臂的長度和陀螺體的重量來探討陀螺獲勝的原因。 ★幼兒在教師的引導下，**討論**陀螺獲勝的原因。	5 分鐘	
※延伸活動：鼓勵幼兒記錄比賽過程與結果，完成《陀螺高手戰鬥史小書》。		

〔教具 IV-5〕

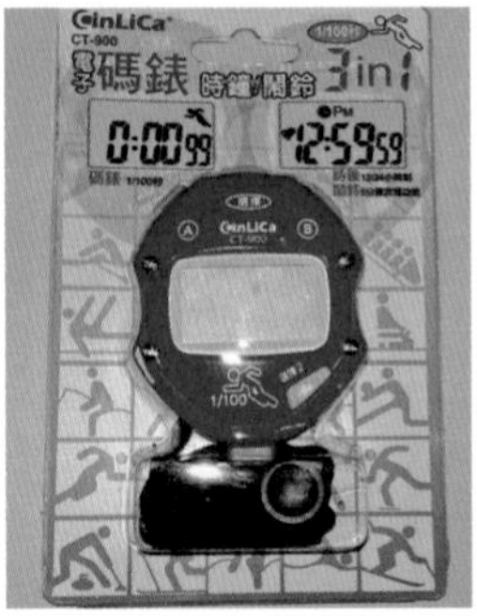

計時器

第六章

STEM 方案課程模組：菇菇家族

香菇為常見食材，相信大多數的幼兒都有食用過香菇或見過市場販售的香菇。隨著養菇科技的進步，在臺灣可以很容易買到菇菇太空包，讓師生共同參與菇類的成長過程。「菇菇家族」課程連結幼兒常見經驗並擴展其學習機會，除了做為食材之外，強調菇菇在生態系的重要角色，透過系統性觀察、控制生長和保存條件和菇寮的設計，使幼兒投入一系列的科學實作。

一如「陀螺」課程，「菇菇家族」課程著重幼兒的學習主體性，以問題驅動幼兒運用科學實作來尋找答案，並對主題進行深入的探討。菇類的生長過程和生長條件的設計，涉及跨領域的科學概念、數學測量、系統觀察和科技使用，幼兒可透過合作方式與同儕、教師、家長共同完成探究活動和建構有利菇類成長的菇寮。

本章先以圖 6-1 呈現「菇菇家族」的課程主題網，課程的教案一覽表如表 6-1 所示。教案詳細涵蓋了主要概念、課程目標、學習指標和教學資源等。希望教案的教學內容能有效支持教師教學，加上學習單的輔助，教師能從容地執行 STEM 活動的進行。

圖 6-1
課程主題網

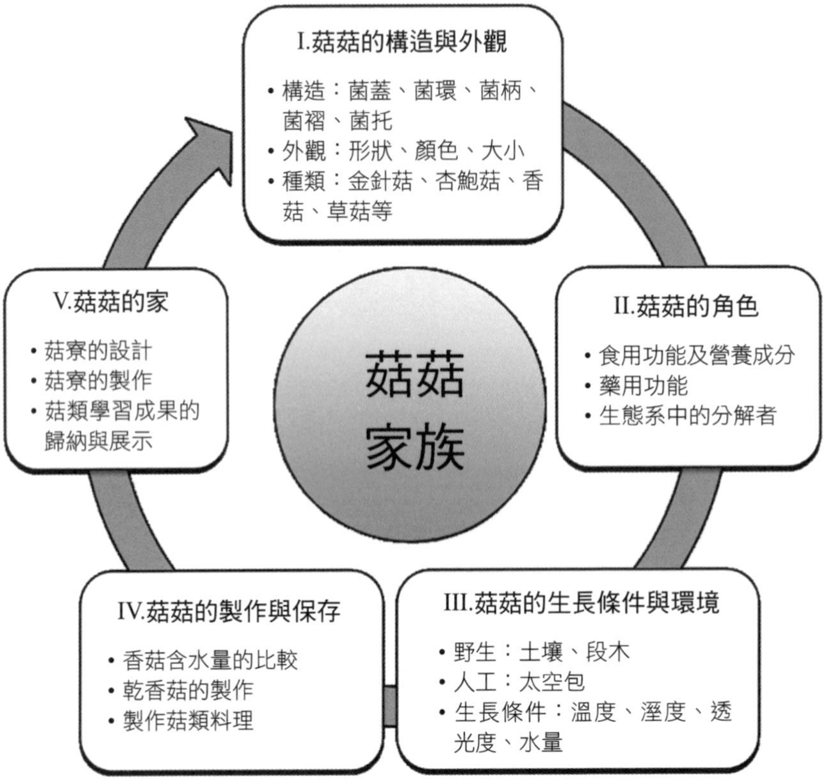
I.菇菇的構造與外觀
• 構造：菌蓋、菌環、菌柄、菌褶、菌托
• 外觀：形狀、顏色、大小
• 種類：金針菇、杏鮑菇、香菇、草菇等
II.菇菇的角色
• 食用功能及營養成分
• 藥用功能
• 生態系中的分解者
III.菇菇的生長條件與環境
• 野生：土壤、段木
• 人工：太空包
• 生長條件：溫度、溼度、透光度、水量
IV.菇菇的製作與保存
• 香菇含水量的比較
• 乾香菇的製作
• 製作菇類料理
V.菇菇的家
• 菇寮的設計
• 菇寮的製作
• 菇類學習成果的歸納與展示
菇菇家族

表 6-1
課程教案一覽表

活動名稱	教學目標	科學實作
主要概念：I. 菇菇的構造與外觀		
I-1. 大家來找菇①	幼兒能夠認識菇類的基本構造及外觀。	初步觀察、記錄、資料蒐集、分享
I-2. 大家來找菇②	幼兒能學習到菇類的基本構造，應用在實地尋找菇類。	系統性觀察、資料蒐集、分享
I-3. 猜猜我是誰①	幼兒能夠系統性的觀察不同菇類的構造，並整理與菇類構造有關的訊息。	系統性觀察、記錄、分享
前置作業	尋找和接洽菇類專家。	
I-4. 猜猜我是誰②	1. 幼兒能觀察菇類構造。 2. 幼兒能運用美勞素材，創作菇類。	系統性觀察、記錄、分享
I-5. 菇菇切切樂	幼兒能透過切菇類及蓋印，觀察不同菇類外觀特徵的相同與相異處。	系統性觀察、操作、分享
前置作業	教師訂購五包同菌種之菇類太空包。	
主要概念：II. 菇菇的角色		
II-1. 巫婆的毒菇①	1. 幼兒能知道有些菇類具毒性，要注意採集與食用菇類的安全。 2. 幼兒能理解故事內容，說出菇類的可食性與不可食性。	系統性觀察、記錄、分享
II-2. 巫婆的毒菇②	幼兒能夠明確判斷生活中常見的可食菇類。	系統性觀察、記錄、分享
II-3. 愛吃菇菇的黑熊	1. 幼兒能從描述故事情節中，了解各種可食性的菇類有其營養價值。 2. 幼兒能理解故事角色的情緒。	
前置作業	教師事先讓五包同菌種菇類之太空包走菌。	
II-4. 菇菇精靈——森林中的真菌	幼兒能描述菇類在自然界中扮演的角色。	資料蒐集
主要概念：III. 菇菇的生長條件與環境		
III-1. 菇菇住哪裡	幼兒能說出菇類的生長條件和環境。	初步觀察、系統性觀察，
III-2. 專家入園	幼兒能向專家提出科學問題，來蒐集更多有關菇類生長的資料。	提出科學問題、資料蒐集、分享、討論
前置作業	教師從五包中，挑選兩包走菌進度相近的太空包。	

表 6-1
課程教案一覽表（續）

活動名稱	教學目標	科學實作
III-3. 一起種菇菇①	1. 幼兒能夠透過實驗發現透光度會影響菇類的生長情形。 2. 幼兒能夠與他人共同進行實驗。	提出預測、設計、實驗、操作、測量、記錄、分享
III-4. 一起種菇菇②	1. 幼兒能夠透過實驗發現溼度會影響菇類的生長情形。 2. 幼兒能夠與他人共同進行實驗。	提出預測、設計、實驗、操作、測量、記錄、分享
等待實驗結果	III-3 和 III-4 兩項實驗進行需要時間，幼兒在記錄菇類成長過程中，教師可同時進行「IV. 菇菇的製作與保存」的活動。	
主要概念：IV. 菇菇的製作與保存		
IV-1. 認識乾香菇	幼兒能夠透過實驗了解含水量會影響菇類的保存。	系統性觀察、提出預測、設計、實驗、操作、測量、記錄、分享
IV-2. 製作乾香菇	幼兒能了解如何製作乾香菇，並觀察香菇烘乾過程重量和外觀的變化。	系統性觀察、設計、實驗、操作、測量、記錄
IV-3. 菇菇料理	幼兒能使用菇類這項食材協助完成料理。	操作、分享
歸納實驗結果	待菇類成長完畢後，教師與幼兒討論分享 III-3 透光度實驗和 III-4 溼度實驗的結果，接著運用實驗結果進行「V. 菇菇的家」的活動。	
主要概念：V. 菇菇的家		
V-1. 菇菇最好的家①	幼兒能夠運用素材、知識與實驗成果，與同伴合作設計菇寮。	討論、設計、計畫、分享
V-2. 菇菇最好的家②	幼兒能夠運用素材、知識與實驗成果，與同伴合作設計並製作菇寮。	操作、分享
V-3. 菇菇最好的家③	1. 幼兒能夠運用素材、知識與實驗成果，與同伴合作製作菇寮。 2. 幼兒進行學習成果發表。	操作、分享
學習單		
學習單 I-1	大家來找菇①	
學習單 I-2	大家來找菇②	
學習單 I-3	菇菇大觀園	
學習單 I-5	菇菇切切樂	
學習單 II-1	巫婆的毒菇①	

表 6-1
課程教案一覽表（續）

學習單	
學習單 II-2	巫婆的毒菇②
學習單 III-2	菇菇專家來訪
學習單 III-3-1	菇菇生長紀錄表：透光度對菇類生長有什麼影響？
學習單 III-3-2	小小測量員
學習單 III-4	菇菇生長紀錄表：溼度對菇類生長有什麼影響？
學習單 IV-1	菇菇保存紀錄表：含水量對菇類的保存有什麼影響？
學習單 IV-2	菇菇烘乾紀錄表：烘乾時間的長短對香菇的重量有什麼影響？
學習單 V-1	菇菇最好的家——設計圖
學習單 V-3	菇菇最好的家——最終版

課程資源	
圖及文檔下載處：https://drive.google.com/drive/folders/1Yjck8pUih-gZ6yDj1IE6rh4T0iQcc1Hg?usp=sharing	
影 I-1	《野菇萬花筒》https://youtu.be/4nr76deYud0
圖 I-1-1	《可食菇圖片》
圖 I-1-2	《菇類構造圖》
圖 II-1	《毒菇圖片》
影 II-1	《致命的有毒菇》https://youtu.be/6CN2qTR4n7g
影 II-3	《菇菇太空包種植方法》https://youtu.be/ZhlIricSOxo
影 II-4-1	《真菌的魔法》https://youtu.be/nismrQUbZcU
影 III-1	《福山訪野菇》https://youtu.be/c_BkGHtaHzs
影 III-3	《杏鮑菇太空包種植環境》https://youtu.be/1-XUg8tHCGs
影 IV-2-1	《香菇曬乾保存法》https://youtu.be/AYeLvzEJR3A
影 IV-2-2	《果乾機操作方式》https://youtu.be/Vg9Zg9Bfx4U

補充教材	
影 II-4-2	《瑞岩溪真菌世界》https://youtu.be/JmBNpuwBHK4
文 I-2-1	《野外毒菇不可採一》
文 I-2-2	《野外毒菇不可採二》
文 I-2-3	《菇類採樣與保存》
文 II-1-1	《菇類角色與春季常見菇》
文 II-1-2	《陽明山國家公園大型真菌資源調查》
文 II-3	《菇類的營養及食用族群限制》

表 6-1
課程教案一覽表（續）

課程圖書	
書 I-1-1	張東柱、周文能（2019）。**野菇觀察入門**。遠流。
書 I-1-2	大作晃一（2017）。**蕈菇圖鑑**（黃薇嬪譯）。晨星。
書 I-1-3	河合真吾（2014）。**嗯哼嗯哼菇菇繪本：美好的相遇**（鄧吉兒譯）。小熊出版。
書 I-1-4	工藤紀子（2014）。**小雞去露營**（劉握瑜譯）。小魯文化。
書 I-1-5	ORANGE PAGE（2018）。**我的蔬菜好朋友**（莊鎧寧譯）。瑞昇。
書 I-1-6	郝廣才（2017）。**媽媽的一碗湯**。格林文化。
書 I-5	王元容、何佳芬（2014）。**雨後的小傘：菇**。親親文化。
書 III-1	河合真吾（2014）。**嗯哼嗯哼菇菇繪本：大家的房子**（鄧吉兒譯）。小熊出版。

主要概念	I.菇菇的構造與外觀	設計者	沈姿妤		
活動名稱	I-1.大家來找菇①	適用年齡	中大班	教學時間	50 分鐘
課程目標	認-1-2 蒐集自然現象的訊息				
學習指標	認-大-1-2-2 觀察自然現象特徵的變化				
教學目標	幼兒能夠認識菇類的基本構造及外觀				

教學內容	預估時間	教學資源
一、請幼兒分享與菇類有關的經驗（繪畫／表演／口述）。如用繪畫，可為前一天的回家作業，當天再帶來分享。 二、教師使用影 I-1《野菇萬花筒》、書 I-1-1《野菇觀察入門》、書 I-1-2《蕈菇圖鑑》或圖 I-1-1《可食菇圖片》，介紹幾種不同的菇類。 ● 教師示範問題： 1. 菇類長什麼樣子？ 2. 你看過哪幾種菇類？ 3. 你都在哪裡看到菇類？ ★教師引導幼兒透過影片或圖卡做**初步觀察**來了解菇類，並請幼兒**分享**自己與菇類有關的經驗。	10 分鐘	影 I-1、 書 I-1-1、 書 I-1-2、 圖 I-1-1 幼兒作品、學習單 I-1、參考繪本：書 I-1-3《嗯哼嗯哼菇菇繪本》、書 I-1-4《小雞去露營》、書 I-1-5《我的蔬菜好朋友》、書 I-1-6《媽媽的一碗湯》
三、教師請幼兒分組，透過影片、圖卡及繪本資料，請小組根據內容畫出菇類的特徵在學習單 I-1「大家來找菇①」上。 ● 教師示範問題： 1. 菇類都有蓋子嗎？菇類的蓋子裡有什麼？ 2. 菇類的腳都一樣粗嗎？菇類的腳都一樣長嗎？ 3. 繪本裡面的菇類和平常看到的一樣嗎？有什麼不一樣？ ★幼兒在教師引導下，針對與菇類有關的訊息做**資料蒐集**與**記錄**。	25 分鐘	
四、教師協助將各組在學習單上分享的內容，歸納整理於海報紙上，再搭配圖 I-1-2《菇類構造圖》做比較。 ● 教師示範問題： 1. 你畫的菇類有哪些一樣的地方？（例如：有傘、柄） 2. 你畫的菇類和這張構造圖有哪些一樣和不一樣的地方？	15 分鐘	圖 I-1-2《菇類構造圖》、海報紙、色筆

教學內容	預估時間	教學資源
● 此節課出現的構造名稱：菌蓋、菌褶、菌柄、菌托、菌環，對幼兒而言可能都是新名稱，可穿插日常用語並漸進式帶入科學名詞，例如：教師可於每堂課教導二個菇類構造的科學名詞，「你們看到的菇類都有傘，這個傘科學家叫它菌蓋」，藉此讓幼兒逐漸適應科學名詞的出現與使用。 ● 並不是每種菇類都有菌環。 ★幼兒在教師引導下，學習使用科學名詞來分享對菇類構造的理解，如圖 6-2 所示。 圖 6-2 菇類構造圖 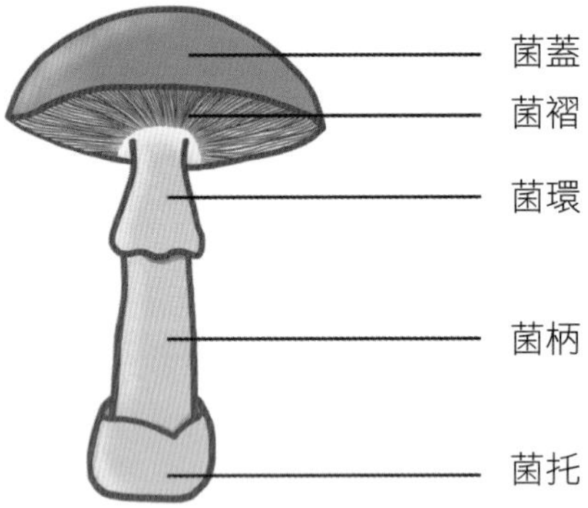		

〔學習單 I-1〕 小組成員：

大家來找菇①

我從影片看到的菇類：	我從繪本看到的菇類：
	我從圖卡／照片看到的菇類：

<table>
<tr><td>主要概念</td><td colspan="2">I.菇菇的構造與外觀</td><td>設計者</td><td colspan="3">沈姿妤</td></tr>
<tr><td>活動名稱</td><td colspan="2">I-2.大家來找菇②</td><td>適用年齡</td><td>中大班</td><td>教學時間</td><td>50 分鐘</td></tr>
<tr><td>課程目標</td><td colspan="6">認-1-2 蒐集自然現象的訊息</td></tr>
<tr><td>學習指標</td><td colspan="6">認-大-1-2-2 觀察自然現象特徵的變化</td></tr>
<tr><td>教學目標</td><td colspan="6">幼兒能學習到菇類的基本構造，應用在實地尋找菇類</td></tr>
<tr><th colspan="4">教學內容</th><th>預估時間</th><th colspan="2">教學資源</th></tr>
<tr><td colspan="4">一、複習菇類的基本構造及上一堂課與菇類有關的內容。
● 教師示範問題：
1. 菇類的基本構造有哪些？
2. 常見的菇類有哪幾種？你最喜歡哪一種？
★幼兒在教師的引導下，學習使用科學名詞來<u>分享</u>對菇類構造的理解。</td><td>5 分鐘</td><td colspan="2">圖 I-1-2
《菇類構造圖》</td></tr>
<tr><td colspan="4">二、教師協助幼兒尋找菇類，帶領幼兒前往公園、校園、超市或傳統市場（四擇一，最好先確定有菇類）尋找菇類，透過拍照、購買的方式帶回菇類及其相關資訊。
● 教師可介紹菇類工具書《蕈菇圖鑑》（頁 10-11）。書中提到「有許多蕈類沒有名稱。請勿隨意採食」，以提醒找菇類時的安全。
● 教師可簡單説明「蕈類」的意思。注音：ㄒㄩㄣˋㄌㄟˋ，通稱蘑菇、菇類。
● 教師可將書 I-1-2《蕈菇圖鑑》及圖 I-1-2《菇類構造圖》放置於學習區，後者可以影印放大供幼兒學習。
● 相關野生植物採集需知，請教師參見文 I-2-1、文 I-2-2、文 I-2-3。
● 教師提醒幼兒前往戶外尋找菇類時應注意安全，面對野生菇類時，不摸、不採、不破壞，以繪畫或拍照方式做紀錄。
● 教師示範問題：
1. 你可以在哪裡找到或買到菇類？
2. 在戶外：菇類的家是乾的還是濕的？有太陽可以照的到嗎？
3. 在市場：菇類被賣出之前會存放在哪裡？沒有賣出去的話又放在哪裡？菇類被買回去以後要怎麼保存？</td><td>35 分鐘</td><td colspan="2">書 I-1-2《蕈菇圖鑑》

圖 I-1-2
《菇類構造圖》

文 I-2-1《野外毒菇不可採一》、文 I-2-2《野外毒菇不可採二》、文 I-2-3《菇類採樣與保存》

即可拍或數位相機</td></tr>
</table>

教學內容	預估時間	教學資源
★幼兒在教師的引導下，進行**系統性觀察**與**資料蒐集**，如圖 6-3 所示。 圖 6-3 教師帶領幼兒前往戶外尋找菇類 		
三、教師使用學習單I-2「大家來找菇②」歸納幼兒尋找菇類的經驗。 • 教師示範問題： 1. 你怎麼找到菇類的？ 2. 你找到的菇類有哪幾種？ 3. 你找到的菇類有哪些基本構造？ ★幼兒在教師的引導下，**分享**觀察到的菇類構造與外觀（形狀、顏色、大小），以及是如何在公園、校園、傳統市場、超市找到菇類的（例如：用問的、在冷藏區）。	10 分鐘	學習單 I-2

〔學習單 I-2〕 小組成員：______________________

大家來找菇 ②

教師綜合幼兒找菇類的經驗分享

在哪裡以及怎麼找到菇類？（請圈起來或畫出來）		構造及外觀	種類名稱
公園 超市 傳統市場 便利商店	冷藏區 樹下 攤位 問人 自己找		

主要概念	I.菇菇的構造與外觀	設計者	沈姿妤		
活動名稱	I-3.猜猜我是誰①	適用年齡	中大班	教學時間	50 分鐘
課程目標	認-1-2 蒐集自然現象的訊息				
學習指標	認-中-1-2-3 以圖像或符號記錄自然現象的多項訊息				
教學目標	幼兒能夠系統性的觀察不同菇類的構造，並整理與菇類構造有關的訊息				

教學內容	預估時間	教學資源
一、使用學習單 I-2「大家來找菇②」，與幼兒回顧到公園、超市、傳統市場找菇類的經驗，並討論感想。 ● 教師示範問題： 1. 在哪裡找到菇類的？是裝袋的、散落的或是長在哪裡？ 2. 是哪一種菇？（如杏鮑菇、金針菇、香菇或草菇） 3. 在戶外的哪裡發現過菇類？	10 分鐘	學習單 I-2
二、菇類大觀園：教師準備三種菇類，讓幼兒分組，引導每組幼兒運用視覺、嗅覺和觸覺，實際感受三種菇類，並請幼兒畫在學習單 I-3「菇菇大觀園」上。 ● 教師示範問題： 1. 不同菇類的長相看起來一樣嗎？不同菇類的顏色有什麼不一樣？ 2. 聞起來如何？ 3. 摸起來的感覺像什麼？ 4. 這些菇類有哪裡是一樣的？哪裡是不一樣的？ ★幼兒在教師的引導下，運用不同感官，**系統性觀察**各種菇類的相同處與相異處。 ★幼兒學習**記錄**並**分享**觀察到的現象。	30 分鐘	教師選擇三種菇類（秀珍菇、杏鮑菇、鴻喜菇、蘑菇、鮮香菇、乾香菇等） 學習單 I-3、色筆
三、教師運用圖 I-1-2《菇類構造圖》，固定使用科學名詞說明菇類的構造：菌蓋、菌褶、菌柄、菌托、菌環。 ● 教師可分別使用幾種不同菇類，帶領幼兒回顧與觀察菇類的構造，並歸納幼兒對菇類各部分的感官經驗。 ● 教師示範問題： 1. 菇類的菌蓋和菌褶，摸起來一樣嗎？ 2. 不同菇類的菌褶，摸起來一樣嗎？ 3. 不同菇類的菌柄，看起來一樣長嗎？	10 分鐘	圖 I-1-2《菇類構造圖》
四、前置作業：尋找和接洽菇類專家。		

〔學習單 I-3〕 小組成員：________________

菇菇大觀園

	菇菇 1	菇菇 2	菇菇 3
 聞起來			
 看起來			
 摸起來			

主要概念	I.菇菇的構造與外觀	設計者	沈姿妤		
活動名稱	I-4.猜猜我是誰②	適用年齡	中大班	教學時間	50 分鐘
課程目標	認-2-2 整理自然現象訊息間的關係 美-2-2 運用各種形式的藝術媒介進行創作				
學習指標	認-中-2-2-2 與他人討論自然現象特徵間的關係 美-中-2-2-1 運用各種視覺藝術素材與工具，進行創作				
教學目標	1. 幼兒能觀察菇類構造 2. 幼兒能運用美勞素材，創作菇類				

教學內容	預估時間	教學資源
一、教師分享書 I-1-3《嗯哼嗯哼菇菇繪本：美好的相遇》，並與幼兒討論內容。	10 分鐘	書 I-1-3《嗯哼嗯哼菇菇繪本：美好的相遇》
二、請幼兒觀察繪本中的菇類，與實際的菇類構造做比較。 • 教師示範問題： 1. 繪本的菇類和我們找到的真的菇，有什麼一樣的地方？有什麼不一樣的地方？ 2. 繪本的菇類是否有菌托、菌褶或菌柄？ • 教師提醒幼兒並拿出圖 I-1-2《菇類構造圖》及書 I-1-2《蕈菇圖鑑》，和幼兒一起針對菇類的特徵來觀察。 ★幼兒在教師的引導下，對繪本中的菇類進行**系統性觀察**。	10 分鐘	書 I-1-2《蕈菇圖鑑》 圖 I-1-2《菇類構造圖》
三、教師引導幼兒，參考菇類圖片和先前的觀察，根據菇類的構造，運用多種媒材創作菇類作品。 ★教師引導幼兒透過多媒材的創作過程，來**記錄**菇類各個構造。	25 分鐘	創作用的材料（輕黏土各色數組、白膠、水、黏土刀、剪刀等）、菇類圖片
四、教師帶領幼兒進行作品發表。 • 教師鼓勵幼兒介紹作品時，能說出作品中菇類的基本構造和位置，如菌蓋、菌柄、菌環、菌褶、菌托等。 ★教師引導幼兒進行作品的**分享**。	5 分鐘	圖 I-1-2《菇類構造圖》

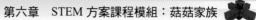

主要概念	I.菇菇的構造與外觀	設計者	沈姿妤		
活動名稱	I-5.菇菇切切樂	適用年齡	中大班	教學時間	50 分鐘
課程目標	認-1-2 蒐集自然現象的訊息				
學習指標	認-中-1-2-3 以圖像或符號記錄自然現象的多項訊息				
教學目標	幼兒能透過切菇類及蓋印，觀察不同菇類外觀特徵的相同與相異處				

教學內容	預估時間	教學資源
一、閩南語菇類兒歌《阿姑愛吃菇》。 阿姑阿姑愛吃菇，金針菇、秀珍菇、香菇、草菇、杏鮑菇、鴻喜菇，攏總好炒菜，也好煮火鍋，營養豐富閣未大箍。 ● 教師也可依照自己的帶班風格，自行改編或尋找適合的兒歌或唸謠。	5 分鐘	書 I-5《雨後的小傘：菇》
二、教師引導幼兒切開菇類的不同部分，蓋印菇類的菌蓋、菌褶、菌柄於學習單 I-5「菇菇切切樂」上，並觀察蓋印後的成品。 ● 幼兒可以小組為單位，用塑膠刀在砧板或紙盤上，切開菇類的菌蓋及菌柄，觀察菌蓋、菌褶與菌柄。 ● 幼兒使用不同色的印泥，操作蓋印菇類的菌蓋、菌褶與菌柄在學習單上，並觀察現象。 ● 教師引導幼兒使用工具（放大鏡）觀察切開的菇類和蓋印菇類。 ● 教師可參考書 I-1-1《野菇觀察入門》中參考資料圖片「野菇外觀特徵常見用語圖解」，和幼兒做說明。 ● 教師示範問題： 1. 哪些菇類的菌蓋表面是一顆一顆或是中間有突起？（觸感、顏色、外表） 2. 哪些菇類的菌褶比較密？哪些菇類的菌褶比較疏？（鑲邊、凹凸不平、密疏、顏色、延生） 3. 哪些菇類的菌柄是空空的？（空心、實心） ★幼兒在教師的引導下，操作工具以系統性觀察不同種類的菇在構造上相同與相異處。	35 分鐘	學習單 I-5 畫筆、放大鏡、三種菇類、塑膠刀、砧板或紙盤、紅／藍／黑色印泥、回收紙（數張，作為試蓋處） 書 I-1-1《野菇觀察入門》
三、分享菇類蓋印畫。 ★教師引導幼兒透過作品分享不同菇類構造的差異。	10 分鐘	學習單 I-5
四、前置作業：教師訂購五包同菌種之菇類太空包，以備「III.菇菇的生長條件與環境」活動之用。		

〔學習單 I-5〕　小組成員：______

菇菇切切樂——菌蓋

我是______菇	我是______菇
蓋印	蓋印
我是______菇	我是______菇
蓋印	蓋印

〔學習單 I-5〕 小組成員：__________

菇菇切切樂——菌褶

我是＿＿＿＿菇	我是＿＿＿＿菇
蓋印	蓋印
我是＿＿＿＿菇	我是＿＿＿＿菇
蓋印	蓋印

〔學習單 I-5〕　小組成員：________________

菇菇切切樂——菌柄

我是＿＿＿＿菇	我是＿＿＿＿菇
蓋印	蓋印
我是＿＿＿＿菇	我是＿＿＿＿菇
蓋印	蓋印

主要概念	II.菇菇的角色	設計者	劉曉帆		
活動名稱	II-1.巫婆的毒菇①	適用年齡	中大班	教學時間	50 分鐘
課程目標	認-1-2 蒐集自然現象的訊息 語-1-5 理解圖畫書的內容與功能				
學習指標	認-中-1-2-2 觀察自然現象特徵的變化 語-中-1-5-2 理解故事的角色與情節				
教學目標	1. 幼兒能知道有些菇類具毒性，要注意採集與食用菇類的安全 2. 幼兒能理解故事內容，說出菇類的可食性與不可食性				

教學內容	預估時間	教學資源
一、戲劇演出：巫婆的毒菇 教師唸謠開場，「小香菇，真可愛，下過雨後跑出來，採幾朵，放口袋，可口美味我最愛。小姑娘，快快來，顏色鮮豔快點摘，吃幾口，真奇怪，肚子痛痛倒下來」。小紅帽慢慢的倒下來。 ● 故事見下頁，教師配合圖 II-1《毒菇圖片》與棒偶說故事，可視時間和流暢度自行改編故事內容與長短。	20 分鐘	棒偶（小紅帽、小松鼠、小兔子、巫婆、貓頭鷹醫生或其他動物）、圖 II-1《毒菇圖片》做成棒偶
二、教師與幼兒討論故事中發生的事情，並觀察幾種臺灣常見的毒菇照片及影片。 ● 教師示範問題： 1. 故事中的小紅帽發生了什麼事情？ 2. 看到不認識的菇類可以摸嗎？可以摘來吃嗎？ 3. 小紅帽吃到有毒的菇類發生了什麼事？ 4. 有什麼方法能判斷菇類有沒有毒？ 5. 每一種菇都能吃嗎？ 6. 看到有毒的菇都要破壞它們嗎？ ★幼兒在教師的引導下，針對有毒菇類的形狀、顏色、特徵作<u>系統性觀察</u>。	15 分鐘	圖 II-1《毒菇圖片》、影 II-1《致命的有毒菇》 補充教材：文 II-1-1、文 II-1-2、文 I-2-1、文 I-2-2
三、教師與幼兒一起歸納有毒菇類的特徵，並記錄在學習單 II-1「巫婆的毒菇①」上。 ● 請幼兒畫出有毒菇類的樣子，例如：菌環的形狀是如何？菌蓋的顏色？菌柄是否有鱗片？ ● 請幼兒上臺分享，例如：我畫的這個菇類長相很特別，它的菌蓋上有一點一點的突起物。	15 分鐘	學習單 II-1、色筆

教學內容	預估時間	教學資源
● 教師與幼兒歸納在戶外看到野菇時，維護自身安全的準則：不摸、不採、不破壞。 ★幼兒在教師的引導下記錄並分享有毒菇的特徵。		

※故事內容：

有一位壞心的巫婆，她在森林裡面種了很多毒菇，想讓人吃了生病。有一天，小紅帽開心的在森林裡面玩，走著走著看到潮溼的草地上有很多傘狀的小菇菇，她開心的哼起歌來：「小香菇，真可愛，下過雨後跑出來，採幾朵，放口袋，可口美味我最愛」（《小毛驢》曲調改編》。正當小紅帽準備要把小菇菇採下來時，小松鼠跳了出來大叫：「小紅帽，那個不能吃。」小紅帽嚇一跳問：「為什麼不能吃呢？」小松鼠說：「這個菇類的外觀太奇怪了，菌蓋上有一點一點的突起、菌柄有鱗片，這個不能吃。」小紅帽說：「喔，原來長得太奇怪的不能吃，我知道了，謝謝你。」壞心的巫婆躲在後面說：「可惡，竟然沒有吃下去」。

圖 6-4
綠褶菇

照片來源：這是小明的部落格
https://blog.xuite.net/m49.k5083/twblog/153766809

照片來源：Den 的攝影空間
https://den531.pixnet.net/blog/post/215012668

小紅帽繼續走，在看起來髒髒爛爛的枯木上，看到好幾朵黃色的小菇菇，正當她要摘的時候，小兔子大叫：「小紅帽，那個不能吃，也不要去聞。」小紅帽嚇一跳問：「為什麼不能吃也不能聞呢？」小白兔說：「這個菇類味道臭臭的，還會分泌黏黏的汁液，這個不能吃。」小紅帽說：「喔，原來臭臭的，還會分泌黏黏汁液的菇類不能吃，我知道了，謝謝你。」壞心的巫婆很生氣，因為小紅帽都沒有吃到毒菇。

圖 6-5
純黃白鬼傘

照片來源：鏽孩子——撐起小花傘
https://shorturl.at/lyLZ6

照片來源：水哥的小天地
https://shorturl.at/lwBPV

小紅帽繼續走著，突然看到顏色好漂亮的小菇菇，小紅帽說：「哇！是我最愛的紅色，好漂亮啊！真想吃一口。」這時巫婆走了出來，微笑著說：「小姑娘，這小菇菇很好吃喔，你會很喜歡的。」小紅帽開心的吃了一口菇，但可怕的事情發生了，她突然覺得噁心想吐，肚子也開始絞痛，痛到在地上打滾，還想拉肚子。她大喊：「救命啊！救命啊！」巫婆哈哈大笑的跑走了。

圖 6-6
毒蠅鵝膏菌

照片來源: 中國毒蘑菇圖鑑 https://kknews.cc/health/4oa9e2g.html

森林裡的小動物們合力把小紅帽救回家，並將巫婆的毒菇用袋子包好帶去給貓頭鷹醫生看，醫生說：「還好小紅帽只吃少少的一小口，而且你們立刻把她帶來了，如果吃完一整朵菇，又很晚才送來醫院，可能會死掉呢！」

經過貓頭鷹醫生的治療，還有小動物們的照顧，小紅帽終於好起來了，現在她再也不敢亂採菇類吃了，小紅帽說：「原來顏色漂亮（鮮豔）的菇類也不能吃啊！」貓頭鷹醫生說：「顏色漂亮的菇類有些的確有毒，但有些菇顏色不鮮豔也有毒。很多的毒菇，菌柄上會有菌環或菌托，而發現有菌環的野菇時，最好不要去碰它，因為蠻多都有毒性。所以，在野外保護自己的方法之一，就是不要亂採東西吃。」小松鼠說：「之前浣熊不小心吃到毒菇，結果頭昏昏，還產生幻覺，都認不出我們了。」小白兔說：「毒菇其實很多種，我們也沒辦法準確分辨，亂摘來吃真的很危險。」小紅帽說：「好可怕喔！以後我在野外不敢亂摘亂採來吃了。看見野生菇的時候，也不要去摸它或破壞它，更不要好奇去聞，謝謝大家，下次我一定不會被巫婆騙了。」

※判斷菇類有毒的方法：（原文網址：https://read01.com/yP5mnP.html）

1. 看生長地帶。可食用的無毒蘑菇多生長在清潔的草地或松樹、櫟樹上，有毒蘑菇往往生長在陰暗、潮溼的骯髒地帶。
2. 看顏色。有毒蘑菇的菌面顏色鮮豔，有紅、綠、墨黑、青紫等顏色，特別是紫色的往往有劇毒，採摘後易變色。
3. 看形狀。無毒蘑菇的菌蓋較平，傘面平滑，菌面上無輪，下部無菌托；有毒的菌蓋中央呈凸狀，形狀怪異，菌面厚實板硬，菌稈上有菌輪，菌托稈細長或粗長，易折斷。
4. 看分泌物。將採摘的新鮮野蘑菇撕斷菌稈，無毒的分泌物清亮如水，菌面撕斷不變色；有毒的分泌物稠濃，呈赤褐色，撕斷後在空氣中易變色。
5. 聞氣味。無毒蘑菇有特殊香味，有毒蘑菇有怪異味，如辛辣、酸澀、惡腥等味。
6. 測試。在採摘野蘑菇時，可用蔥在蘑菇蓋上擦一下，如果蔥變成青褐色，證明有毒，反之不變色則無毒。

〔學習單 II-1〕 小組成員：＿＿＿＿＿＿＿＿

巫婆的毒菇 ①

請畫出一種有毒菇類	構造或外觀的特徵（菌蓋、菌環、菌柄、形狀、大小、顏色）	其他發現

主要概念	II.菇菇的角色	設計者	劉曉帆		
活動名稱	II-2.巫婆的毒菇②	適用年齡	中大班	教學時間	50 分鐘
課程目標	認-2-2 整理自然現象訊息間的關係				
學習指標	認-中-2-2-3 與他人討論動植物與生活的關係				
教學目標	幼兒能夠明確判斷生活中常見的可食菇類				

教學內容	預估時間	教學資源
一、回顧巫婆的毒菇故事，請幼兒幫忙對抗巫婆。 壞心的巫婆又想害小紅帽跟動物們，巫婆準備了好多菇類，請幼兒幫忙找出哪些是毒菇？哪些是可食的菇類？ ● 教師將幼兒分組，拿出事先印好的毒菇圖片與日常生活可食菇圖片，每組毒菇與可食菇圖片各一份，將其混合在一起。 ● 各組分工合作，分類出可食菇與有毒菇，並在學習單 II-2「巫婆的毒菇②」上寫下編號。 ★教師引導幼兒，針對毒菇與可食菇進行**系統性觀察**，以進行分類並**記錄**。	25 分鐘	書 I-1-1《野菇觀察入門》 圖 II-1《毒菇圖片》、圖 I-1-1《可食菇圖片》 學習單 II-2
二、請每組派幼兒小組成員上臺分享分類的結果，以及說出如何利用特徵，判斷出是有毒菇及可食菇。 ● 教師示範問題： 1. 毒菇有什麼特徵？ 2. 可食菇有什麼特徵？ ★教師引導幼兒與他人**分享**觀察到的心得。	15 分鐘	
三、遊戲：菇菇大風吹。 ● 教師請全班幼兒隨機拿取菇類圖片，以菇類特徵作為遊戲指令，例如：「吹有毒的菇類」、「吹菌蓋是白色的菇類」、「吹可以吃的菇類」、「吹有菌環的菇類」、「吹有菌柄的菇類」等。	10 分鐘	圖 II-1《毒菇圖片》、圖 I-1-1《可食菇圖片》

〔學習單 II-2〕 小組成員：＿＿＿＿＿＿＿＿

巫婆的毒菇②

請把有毒菇及可食菇分類

再把圖卡上的號碼寫下來

有毒菇	可食菇

<table>
<tr><td>主要概念</td><td colspan="2">II.菇菇的角色</td><td>設計者</td><td colspan="3">劉曉帆</td></tr>
<tr><td>活動名稱</td><td colspan="2">II-3.愛吃菇菇的黑熊</td><td>適用年齡</td><td>中大班</td><td>教學時間</td><td>50 分鐘</td></tr>
<tr><td>課程目標</td><td colspan="6">認-2-2 整理自然現象訊息間的關係
情-1-2 覺察與辨識生活環境中他人和擬人化物件的情緒</td></tr>
<tr><td>學習指標</td><td colspan="6">認-中-2-2-3 與他人討論動植物與生活的關係
情-中-1-2-2 辨識各種文本中主角的情緒</td></tr>
<tr><td>教學目標</td><td colspan="6">1. 幼兒能從描述故事情節中，了解各種可食性的菇類有其營養價值
2. 幼兒能理解故事角色的情緒</td></tr>
<tr><th colspan="4">教學內容</th><th>預估時間</th><th colspan="2">教學資源</th></tr>
<tr><td colspan="4">一、故事：愛吃菇菇的黑熊
教師唸自編手指謠：「木頭上的草菇圓又大，躺著睡覺不說話，來了一隻大黑熊，對著草菇咬一口，農夫看了很開心，快把草菇採下來煮。」
● 故事見下頁，教師配合圖 I-1-1《可食菇圖片》與棒偶說故事，可視時間和流暢度自行改編故事內容與長短。</td><td>10 分鐘</td><td colspan="2">棒偶（農夫、黑熊、醫生、村民）、圖 I-1-1《可食菇圖片》</td></tr>
<tr><td colspan="4">二、教師與幼兒討論故事中農夫與黑熊發生的事情並討論菇類有什麼營養。
● 教師示範問題：
1. 為什麼大家會嘲笑農夫？你覺得農夫的心情如何？
2. 黑熊觀察到菇類喜歡什麼樣的環境？
3. 為什麼只有農夫跟黑熊身體最健康？
4. 菇類有什麼營養？</td><td>20 分鐘</td><td colspan="2">補充教材：文 II-3《菇類的營養及食用族群限制》</td></tr>
<tr><td colspan="4">三、教師調查班上有哪些幼兒喜歡吃菇類，哪些幼兒不喜歡吃菇類，並討論幼兒喜歡的菇料理。
● 請幼兒輪流上臺分享自己喜不喜歡吃菇類，說出自己喜歡或不喜歡的原因。
● 教師示範問題：
1. 最愛吃什麼菇？會和哪種食材一起煮？
2. 最喜歡或最討厭的菇類長什麼樣子？
3. 如果真的不喜歡吃菇類，爸爸媽媽的作法是什麼？可以不吃嗎？
4. 討厭的菇類要怎麼煮自己才會願意吃？</td><td>20 分鐘</td><td colspan="2">圖 I-1-1《可食菇圖片》</td></tr>
</table>

教學內容	預估時間	教學資源
四、前置作業：教師事先讓 5 包同菌種菇類之太空包走菌（太空包外觀由咖啡色變為白色），以備「III.菇菇的生長條件與環境」活動之用，可參考影II-3《菇菇太空包種植方法》。		

※故事內容：

有一個農夫，他很喜歡研究菇類，也種了各式各樣的菇類，可是村裡的其他人都笑他：「誰喜歡那種奇怪的東西啊！不好看又不好吃，還沒營養吧！？」農夫只好孤單的自己到山上研究。

有一天，農夫在山上發現了一隻大黑熊，一開始農夫很害怕但幾次之後，農夫發現這隻黑熊很溫和，後來他們變成好朋友，農夫就帶著黑熊一起去山上工作，黑熊也很喜歡農夫，決定要幫農夫種菇，他們變成了工作和生活上的好朋友。

農夫每天都要到山上去種菇，農夫說：「菇類不喜歡曬太陽，喜歡住在溼答答的樹幹、草地或濕泥土堆中。」黑熊專心的聽農夫說關於菇類的一切。黑熊仔細觀察菇類的生長環境，開始跟農夫學習種菇，日子一天一天過去，農夫與黑熊在山上種了各式各樣的菇，有金針菇、杏鮑菇、雪白菇、猴頭菇等等，農夫和黑熊每天都採好多菇回去做料理，今天是金針菇火鍋，明天是香菇雞湯，後天是炸杏鮑菇，黑熊說：「菇菇真好吃。」

有一天，村莊來了一位醫生要為大家做健康檢查，檢查後，醫生發現大家都很不健康，只有農夫跟黑熊的身體最健康。醫生問農夫和黑熊：「除了蔬菜和水果，你們平常都吃什麼呢？身體怎麼這麼健康又有活力？」黑熊開心的拿出農夫種的各種菇類介紹給大家。

醫生哈哈大笑說：「原來你們常吃菇啊！菇類吃起來味道鮮美，還能夠活化免疫系統、增強抵抗力，還有降低膽固醇的功能。此外，菇類有豐富的纖維質，熱量也低，還有預防便秘的效果。」農夫說：「對耶，我們天天吃適量的菇，便便很順暢喔！」

之前取笑農夫的村民不好意思的說：「真是抱歉，我們不應該笑你的，現在知道菇類這麼好，我們一定要大吃特吃，這樣身體才會健康。」

醫生趕緊說：「各位，這可不行！有些人對菇類過敏，吃太多也不行，剛剛好的量就好喔。」黑熊開心的跟農夫說：「原來菇類營養又健康，我們做的真棒！」

村裡的人不敢再笑農夫，還常常跟農夫買菇類，大家都稱讚農夫跟黑熊是菇類專家，從此，大家都跟大黑熊一樣喜歡菇類了。

<table>
<tr><td>主要概念</td><td>II.菇菇的角色</td><td>設計者</td><td colspan="3">劉曉帆</td></tr>
<tr><td>活動名稱</td><td>II-4.菇菇精靈——森林中的真菌</td><td>適用年齡</td><td>中大班</td><td>教學時間</td><td>50 分鐘</td></tr>
<tr><td>課程目標</td><td colspan="5">認-2-2 整理自然現象訊息間的關係</td></tr>
<tr><td>學習指標</td><td colspan="5">認-中-2-2-2 與他人討論自然現象特徵間的關係</td></tr>
<tr><td>教學目標</td><td colspan="5">幼兒能描述菇類在自然界中扮演的角色</td></tr>
<tr><td colspan="3">教學內容</td><td>預估時間</td><td colspan="2">教學資源</td></tr>
<tr><td colspan="3">一、故事：森林中的菇菇精靈
教師唸謠開場:「小草菇，真美麗，樹蔭下，青草地，三三兩兩聚一起，好像鄰家小姑娘，撐著小雨傘，嘻嘻哈哈玩遊戲。」
● 故事見下頁，參考書籍為書I-5《雨後的小傘：菇》，教師可視時間和流暢度自行改編故事內容與長短。</td><td>10 分鐘</td><td colspan="2">書 I-5《雨後的小傘：菇》</td></tr>
<tr><td colspan="3">二、教師與幼兒討論故事中菇菇精靈發生的事情，並整理出菇類在自然界中的角色。
● 教師示範問題：
1. 為什麼菇菇精靈在哭？
2. 你們覺得菇類除了可食用以外，還有別的角色嗎？
3. 如果沒有了菇類，森林會變成什麼樣子？</td><td>15 分鐘</td><td colspan="2">棒偶（菇菇精靈、小紅帽、黑熊）、三種真菌的圖片</td></tr>
<tr><td colspan="3">三、影片：教師帶領幼兒觀看影II-4《真菌的魔法》，引導幼兒察覺菇類（真菌的一種）和大自然界中其他生物的關係。
● 教師示範問題：
1. 影片中有介紹哪些菇類？
2. 野生的金針菇長什麼樣子？
3. 菇類為什麼被叫做分解者？
4. 菇類算是動物或植物嗎？
5. 菇類可以活很久嗎？它的壽命長嗎？
6. 孢子是什麼？（孢子像是菇類的種子，野生菇類通常行孢子生殖）
7. 孢子怎麼能夠飛到其他的地方？
★幼兒觀看影片以進行資料蒐集，了解菇類做為分解者的角色。</td><td>25 分鐘</td><td colspan="2">影 II-4-1《真菌的魔法》

補充教材：影II-4-2《瑞岩溪真菌世界》</td></tr>
</table>

※故事內容：

森林裡很熱鬧，原來是小紅帽與愛吃菇菇的黑熊在森林煮菇菇大餐，好多小動物都來品嚐，當大家吃得正開心時，遠方傳來了哭聲……。

「嗚～嗚～嗚」，奇怪，發生什麼事情啊？大家左看右看，發現是菇菇精靈在哭。小紅帽問：「發生了什麼事，你怎麼在哭呢？」菇菇精靈說：「大家都不了解我們菇菇家族，以為我們的功用就只能吃，不然就是有毒不能吃，還有人類要破壞我們，所以我好難過……」黑熊說：「有毒的菇不能吃，我們知道，沒有毒的菇很營養，我們也知道，請問你們還有什麼特別的地方嗎？」

菇菇精靈擦了擦眼淚，開始介紹自己，「我跟你們大家說喔，其實我們不是動物也不是植物，我們是真菌的一種。世界上90%的植物都需要跟我們一起生活才能活下去。我的朋友裡面，除了你們常吃的各種菇類外，還包含木耳、靈芝，我們都是屬於大型真菌。」

小紅帽說：「原來森林裡到處都是你們的同類，那你們平常都住在哪呢？」菇菇精靈說：「我們平常都住在樹上或土裡，我們有菌絲，很像我們的根。菌絲長的速度很快，會分泌特別的酵素，讓樹木變脆弱，還可以分解枯枝落葉，你有沒有發現種過香菇的木頭，都爛得比較快？」

圖 6-7
香菇段木

菇菇精靈又說：「如果沒有我們，很多東西都不能被分解，也不能變成泥土，有很多植物會沒辦法生存噢！」

黑熊說：「你們可以分解枯掉的樹木還有落葉，真厲害，是森林中的分解者。」

小紅帽說：「原來菇菇家族有這麼多功能，雖然有的菇會寄生在樹上讓樹死掉，但你們同時也是大自然的分解者，如果沒有你們，植物就無法生長得很好，枯掉的植物也沒辦法消失，這樣我們的森林會堆好多好多的木頭跟落葉，真是太可怕了。」

菇菇精靈說：「希望人類都能好好認識我們，除了被吃，我們對大自然還有很多貢獻的，希望大家下次看到各種美味的菇菇大餐時，可別忘了我們在大自然中的重要角色唷！」

主要概念	III.菇菇的生長條件與環境	**設計者**	林惠鈺		
活動名稱	III-1.菇菇住哪裡	**適用年齡**	中大班	**教學時間**	50 分鐘
課程目標	認-1-2 蒐集自然現象的訊息				
學習指標	認-中-1-2-2 觀察自然現象特徵的變化				
教學目標	幼兒能說出菇類的生長條件和環境				

教學內容	預估時間	教學資源
一、教師介紹野菇生長環境之影片《福山訪野菇》（可見影片 04'00"至 16'00"之處），並事先於超市購買一包菇類（挑選包裝上有附產地證明資訊者），於課堂中掃 QR code，帶領幼兒了解其出處。 ● 教師引導幼兒歸納出影響菇類生長的因素：透光度和溼度。 ● 教師示範問題： 1. 影片中的野生菇類多長在哪裡？ 2. 它們長在乾乾的地方還是溼溼的地方？ 3. 它們生長的地方需要陽光嗎？ 4. 不同的菇類，它們的生長環境都一樣嗎？ ★幼兒在教師的引導下，針對菇類的生長條件做**初步觀察**。	25 分鐘	影 III-1《福山訪野菇》、包裝上有 QR code 的菇類一包
二、教師分享繪本《嗯哼嗯哼菇菇繪本：大家的房子》，引導幼兒了解菇類的生長條件，並提出問題與幼兒討論。 ● 教師示範問題： 1. 繪本中菇菇用哪些材料蓋房子？ 2. 它們的房子有哪些特別、有趣的地方？ 3. 它們的房子需要很多陽光嗎？ 4. 繪本中菇菇房子的環境，是否符合影片中菇類生長的條件？ 5. 如果我們要種菇類的話，應該要注意哪些條件？ ★教師引導幼兒比較繪本和影片中菇類喜歡的生長環境，以進行**系統性觀察**。	25 分鐘	書 III-1《嗯哼嗯哼菇菇繪本：大家的房子》
三、針對下堂課「III-2.專家入園」的活動，教師可以預先將學習單 III-2「菇菇專家來訪」發給幼兒作為回家作業。		學習單 III-2

主要概念	III.菇菇的生長條件與環境	**設計者**	林惠鈺		
活動名稱	III-2.專家入園	**適用年齡**	中大班	**教學時間**	100 分鐘
課程目標	認-2-2 整理自然現象訊息間的關係 語-2-2 以口語參與互動				
學習指標	認-中-2-2-3 與他人討論動植物與生活的關係 語-中-2-2-2 以清晰的口語表達想法				
教學目標	幼兒能向專家提出科學問題，來蒐集更多有關菇類生長的資料				

教學內容	預估時間	教學資源
一、教師與幼兒討論如何向專家提出科學問題，蒐集與菇類有關的資料。 • 若學習單 III-2「菇菇專家來訪」已發給幼兒作為回家作業，可於專家入園前先回收作業，以整理出想詢問專家的問題。 • 問題範例： 1. 菇類需要水嗎？如果沒有水會長大嗎？ 2. 什麼樣的環境可以讓菇類長得比較快？ 3. 為什麼菇類大多生長在樹下或陰暗的地方？ 4. 菇類都有菌傘和菌褶嗎？ 5. 菇類有種子嗎？ 6. 種菇的菌種哪裡來？ 7. 菇類的養分從哪裡來？ 8. 菇類要放在哪裡保存比較久？ 9. 為什麼有些菇不能吃？ 10. 太空包或木頭要怎麼種出菇？ • 教師可以將問題記錄在白板或海報紙上，與幼兒討論如何發問，或分組派代表發問。 • 問題內容可以視專家的背景做調整。 ★幼兒在教師的引導下，學習**提出科學問題**。	20 分鐘	學習單 III-2、白板或海報紙、色筆
二、專家時間：幼兒在引導下向專家提問，並記錄答案。 • 主要內容視教師邀請的專家再做詳細規劃。 ★幼兒在教師的引導下，向專家提出與菇類相關的科學問題，以進行**資料蒐集**。	60 分鐘	

教學內容	預估時間	教學資源
三、活動結束後，教師與幼兒一同討論先前提出的科學問題和答案，並請幼兒分享專家入園的心得。 ● 教師鼓勵幼兒使用科學名詞來分享學習到的知識。 ★幼兒在教師的引導下，和全班**分享**及**討論**專家回答的內容及專家來訪的心得。	20 分鐘	學習單 III-2
四、前置作業：教師從事先走菌的五包太空包中，挑選走菌進度較為相近的二個太空包，在下堂課使用。		

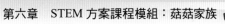

〔學習單III-2〕 小組成員：________________________

菇菇專家來訪

親愛的小朋友________________

這週我們邀請了菇菇專家來分享菇的神奇世界，

小朋友有什麼問題想請教專家呢？

把你的問題用畫圖的方式記錄下來，

或請爸媽幫忙在圖片旁用文字說明，

讓我們一起進入菇菇的世界！

<table>
<tr><td>主要概念</td><td>III.菇類的生長條件與環境</td><td>設計者</td><td colspan="3">林惠鈺</td></tr>
<tr><td>活動名稱</td><td>III-3.一起種菇菇①</td><td>適用年齡</td><td>中大班</td><td>教學時間</td><td>50 分鐘</td></tr>
<tr><td>課程目標</td><td colspan="5">認-1-1 蒐集生活環境中的數學訊息
社-2-2 同理他人，並與他人互動</td></tr>
<tr><td>學習指標</td><td colspan="5">認-大-1-1-5 運用標準單位測量自然現象或文化產物特徵的訊息
社-中-2-2-3 依據活動的程序與他人共同進行活動</td></tr>
<tr><td>教學目標</td><td colspan="5">1. 幼兒能夠透過實驗發現透光度會影響菇類的生長情形
2. 幼兒能夠與他人共同進行實驗</td></tr>
<tr><td colspan="3">教學內容</td><td>預估時間</td><td colspan="2">教學資源</td></tr>
<tr><td colspan="3">一、教師回顧影響菇類生長的因素（透光度和溼度），並透過影 II-3《菇菇太空包種植方法》、影 III-3《杏鮑菇太空包種植環境》（可見影片 00 '00 "至 04 '30 "之處），向幼兒介紹太空包種植菇類的生長條件。
● 教師示範問題：
1. 菇類太空包要放在什麼地方？
2. 菇類太空包需要照到太陽嗎？
3. 菇類太空包要放在乾乾的，還是溼溼的地方？
4. 菇類太空包需要澆很多水嗎？</td><td>10 分鐘</td><td colspan="2">影 II-3《菇菇太空包種植方法》、影 III-3《杏鮑菇太空包種植環境》</td></tr>
<tr><td colspan="3">二、教師與幼兒設計實驗，以了解透光度對菇類生長有什麼影響。製作兩個透光度不同的菇寮，各置入同菌種的菇類太空包，觀察兩個太空包之菇類生長情況，並記錄在學習單 III-3-1「菇菇生長紀錄表：透光度對菇類生長有什麼影響？」上。
● 教師需讓幼兒理解各項變因的意義（哪些需改變，哪些需維持不變），但不需使用變因類型的名詞（如控制變因）。
控制變因：地點、每日水量、菌種（維持不變）。
操縱變因：透光度（唯一變動的）。
應變變因：菇類生長的情形（過程紀錄：菌柄的長度、菌蓋的直徑、菇的數量。結果紀錄：收成菇類的總重量）。
● 教師示範問題（設計實驗）：
1. 我們要怎麼知道陽光會不會影響菇類的生長？我們要怎麼設計實驗？</td><td>25 分鐘</td><td colspan="2">學習單 III-3-1、走菌程度相近的二包菇類太空包、噴水瓶、尺</td></tr>
</table>

教學內容	預估時間	教學資源
2. 我們要比較陽光比較多或比較少會不會影響菇類的生長，我們要怎麼設計菇寮？ 3. 我們要怎麼讓兩個菇寮的透光度不一樣？（若幼兒沒有實驗設計的經驗，教師可取出兩個相同的紙箱，建議搭設兩個透光度不同的菇寮） 4. 我們可以使用樹枝與不織布蓋在紙箱上，來搭建菇寮嗎？哪一個會比較透光？ 5. 我們可以用二包相同菌種的太空包，但把菇寮放置不同的地點一起比嗎？ 6. 我們可以把二包同菌種、地點相同，但每日給兩個太空包澆不一樣多的水嗎？ • 教師示範問題（預測）： 1. 你們覺得放在不織布菇寮中的太空包會長得比較快、比較好，還是放置在樹枝菇寮的呢？ 2. 為什麼你覺得放在透光度高（或低）的太空包會長得比較快？ • 製作透光度不同的二種菇寮： 1. 使用二個相同尺寸的紙箱，紙箱的高度要比太空包高，且預留菇類向上生長的高度，如圖 6-8 和圖 6-9 所示。 圖 6-8 箱子上方蓋不織布  圖 6-9 箱子上方鋪樹枝或其他較透光之材質 		兩個紙箱、不織布、樹枝或其他透光的材料

教學內容	預估時間	教學資源
2. 視需要在紙箱兩側開通風孔洞，兩個紙箱通風孔洞的數量和大小應一致。 3. 將二包相同菌種的太空包分別置入圖 6-8 和圖 6-9 的紙箱內，在紙箱上方分別鋪上不織布和樹枝即可。 ★幼兒在教師的引導下，設計並進行實驗，辨識哪些變因是需要改變與維持不變的，並提出預測。		
三、教師指導幼兒學習使用測量工具。 ● 將幼兒分小組進行測量活動，每組使用不同測量工具（如尺、布捲尺、繩子、紙條），利用教室內的物品與事先購買的菇類進行測量，並引導幼兒將測量結果轉換成標準測量工具（尺）之單位（公分），並記錄在學習單 III-3-2「小小測量員」上。 ● 教師示範問題（測量）： 1. 我們要怎麼知道哪一個菇寮中的太空包會長得比較快、比較好？（引導幼兒了解此實驗需要進行測量的內容：菌柄的長度、菌蓋的直徑、菇的數量、收成菇類的總重量） ★教師引導幼兒根據實驗過程，操作工具，進行測量與記錄。	10 分鐘	尺、布捲尺、繩子、菇類一至二種、學習單 III-3-2
四、請各組幼兒分享小組記錄的內容，最後教師再做統整與歸納。 ★幼兒在教師的引導下，分享測量過程和結果。	5 分鐘	
五、等待實驗結果：III-3 實驗進行需要時間，教師每日提醒幼兒記錄菇類成長過程。待菇類成長完畢後，教師帶領幼兒秤出兩項實驗收成菇類的總重量。請各組幼兒分享觀察到的菇菇狀況和心得。 ★幼兒在教師的引導下，分享實驗過程和結果。		

〔學習單 III-3-1〕 小組成員：＿＿＿＿＿＿＿＿

菇菇生長紀錄表： 透光度對菇類生長有什麼影響？		
實驗活動	控制變因：地點、每日水量、菌種（維持不變）。 操縱變因：透光度（唯一變動的）。 應變變因：菇類生長的情形（過程紀錄：菌柄的長度、菌蓋的直徑、菇的數量。結果紀錄：收成菇類的總重量）。	
日期 ╲ 環境	不織布菇寮	樹枝菇寮
月　日	每日水量：噴水＿＿＿＿次 菌柄的長度：＿＿＿＿公分 菌蓋的直徑：＿＿＿＿公分 菇的數量：＿＿＿＿朵 請畫出今天菇的樣子：	每日水量：噴水＿＿＿＿次 菌柄的長度：＿＿＿＿公分 菌蓋的直徑：＿＿＿＿公分 菇的數量：＿＿＿＿朵 請畫出今天菇的樣子：

〔學習單 III-3-2〕 小組成員：＿＿＿＿＿＿＿＿＿＿

小小測量員

學習目標	教導幼兒使用不同測量工具（如尺、布捲尺、繩子等），並將測量結果轉換成標準測量工具（尺）之單位（公分）

範例： 水壺  高度：25 公分	1.物品： ＿＿＿＿＿＿公分
2.物品： ＿＿＿＿＿＿公分	3.物品： ＿＿＿＿＿＿公分

主要概念	III.菇類的生長條件與環境	設計者	林惠鈺		
活動名稱	III-4.一起種菇菇②	適用年齡	中大班	教學時間	50 分鐘
課程目標	認-1-1 蒐集生活環境中的數學訊息 社-2-2 同理他人，並與他人互動				
學習指標	認-大-1-1-5 運用標準單位測量自然現象或文化產物特徵的訊息 社-中-2-2-3 依據活動的程序與他人共同進行活動				
教學目標	1.幼兒能夠透過實驗發現溼度會影響菇類的生長情形 2.幼兒能夠與他人共同進行實驗				

教學內容	預估時間	教學資源
一、教師複習上堂課關於菇菇太空包的實驗內容，以及測量工具的使用方式。 • 教師回顧影響菇類生長的因素有透光度和溼度，而上堂課的實驗為針對透光度對菇類生長的影響。	10 分鐘	III-3 活動的實驗菇寮
二、教師與幼兒設計實驗，以了解溼度對菇類生長有什麼影響。將兩個相同的菇寮置於溼度不同的地點，各置入一個同菌種的菇類太空包，觀察兩包太空包之菇類生長情況，並記錄在學習單 III-4「菇菇生長紀錄表：溼度對菇類生長有什麼影響？」上。 • 教師需讓幼兒理解各項變因的意義（哪些需改變，哪些需維持不變），但不需使用變因類型的名詞（如控制變因）。 控制變因：透光度、每日水量、菌種（維持不變）。 操縱變因：溼度（唯一變動的）。 應變變因：菇類生長的情形（過程紀錄：菌柄的長度、菌蓋的直徑、菇的數量。結果紀錄：收成菇類的總重量）。 • 教師示範問題（設計實驗）： 1. 在學校環境中，有哪些地點可能有不同的溼度？ 2. 教室與廁所的溼度會一樣嗎？（課程前一天可以先放溼度計到教室和廁所，當天可以帶幼兒到不同地點，比較溼度高低） 3. 這次我們要看菇類生長時，溼度會不會造成影響，我們可以用二包相同菌種的太空包，但放在不同透光度的菇寮一起比嗎？	30 分鐘	走菌程度相近的二包菇類太空包、噴水瓶、尺、溫溼度計 兩個相同的菇寮：兩個紙箱蓋上相同透光材料，紙箱需通風，以維持箱內溼度與箱外一致 學習單 III-4

教學內容	預估時間	教學資源
4. 我們把二包同菌種的太空包，放在透光度都一樣的菇寮，但每日給二包菇類不同的水量，這樣互相比較可以嗎？ ● 教師示範問題（預測）： 1. 你們覺得放在教室內和廁所的太空包，哪個太空包的菇類會長得比較好、比較多呢？ 2. 為什麼你覺得放在溼度高（或低）的太空包會長得比較快？ ★幼兒在教師的引導下，**設計**並進行**實驗**，辨識哪些變因是需要改變與維持不變的，並**提出預測**。		
三、教師指導幼兒學習使用溼度計，並將讀數記錄於學習單上。 ★教師引導幼兒根據實驗過程，**操作**工具，進行**測量**與**記錄**。	10 分鐘	學習單 III-4
四、等待實驗結果：III-3 和 III-4 兩項實驗進行需要時間，教師可每日提醒幼兒記錄菇類成長情況，同時進行「IV.菇菇的製作與保存」的活動。		
五、待菇類成長完畢後，教師帶領幼兒秤出兩項實驗收成菇類的總重量。請各組幼兒分享觀察到的菇類狀況和心得。 ★幼兒在教師的引導下，**分享**實驗過程和結果。		

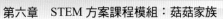

〔學習單 III-4〕 小組成員：＿＿＿＿＿＿＿＿

菇菇生長紀錄表：

溼度對菇類生長有什麼影響？

實驗活動	控制變因：透光度、每日水量、菌種（維持不變）。 操縱變因：溼度（唯一變動的）。 應變變因：菇類生長的情形（過程紀錄：菌柄的長度、菌蓋的直徑、菇的數量。結果紀錄：收成菇類的總重量）。	
日期／環境	教室	廁所
月　日	溼度：＿＿＿＿% 每日水量：噴水＿＿＿＿次 菌柄的長度：＿＿＿＿公分 菌蓋的直徑：＿＿＿＿公分 菇的數量：＿＿＿＿朵 請畫出今天菇的樣子：	溼度：＿＿＿＿% 每日水量：噴水＿＿＿＿次 菌柄的長度：＿＿＿＿公分 菌蓋的直徑：＿＿＿＿公分 菇的數量：＿＿＿＿朵 請畫出今天菇的樣子：

主要概念	IV.菇菇的製作與保存	設計者	黃哲恩		
活動名稱	IV-1.認識乾香菇	適用年齡	中大班	教學時間	50 分鐘
課程目標	認-1-2 蒐集自然現象的訊息				
學習指標	認-大-1-2-2 觀察自然現象特徵的變化				
教學目標	幼兒能夠透過實驗了解含水量會影響菇類的保存				

教學內容	預估時間	教學資源
一、教師引導幼兒，記錄 III-3-1 和 III-4 實驗菇寮中的菇類成長過程。 ● 兩項實驗共四個太空包，教師可視班級組數和幼兒記錄能力，分配不同組的幼兒記錄不同實驗的菇類成長結果。	5 分鐘	學習單 III-3-1、學習單 III-4
二、教師在乾香菇與鮮香菇的香菇蒂下插上竹籤並黏上活動眼珠，製作成二個香菇棒偶來演出。 小乾：大家好，我是乾香菇，我叫小乾。 小鮮：大家好，我是鮮香菇（一般香菇），我叫小鮮。 小乾：我有獨特的香氣，我很好吃。 小鮮：我住在神奇太空包裡，我很特別。 小乾：我方便保存不容易壞。 小鮮：我很新鮮種類又多。 ● 教師可視帶班風格自行修正對話或棒偶呈現的方式。	5 分鐘	壓舌板或中長竹籤、活動眼珠、乾香菇、鮮香菇
三、教師將幼兒分組，給予各組乾香菇和鮮香菇數個，讓幼兒輪流觀察兩種香菇的差異，請幼兒運用視覺、嗅覺、觸覺來觀察。 ● 教師引導幼兒討論乾香菇的好處，例如：容易保存、香味較濃郁。 ● 教師示範問題： 1. 你們覺得乾香菇和鮮香菇有什麼不同？（外觀、顏色、氣味、質感、硬度、大小） 2. 鮮香菇就可以吃了，為什麼還要有乾香菇？ 3. 兩種香菇的保存方式有什麼不同嗎？ ★幼兒在教師的引導下，對乾香菇和鮮香菇做系統性觀察。	15 分鐘	乾香菇數個、鮮香菇數個

教學內容	預估時間	教學資源
四、教師與幼兒設計實驗，以了解菇類的含水量對菇類保存有什麼影響。將乾香菇與鮮香菇放置在教室中，每天觀察兩種香菇在相同環境下的變化，並在學習單 IV-1「菇菇保存紀錄表：含水量對菇類的保存有什麼影響？」上記錄七天腐敗或發霉的結果。 • 教師需讓學生理解各項變因的意義（哪些需改變，哪些須維持不變），但不需要使用變因類型的名詞。 控制變因：地點、溫度、溼度（維持不變）。 操縱變因：菇類含水量 （唯一變動的）。 應變變因：菇類保存的情形（過程紀錄：保存時間、外觀顏色的變化、聞起來氣味的變化）。 • 教師示範問題（設計實驗）： 1. 乾香菇和鮮香菇所含的水量一樣嗎？哪一種含水量比較高（乾香菇水分含量約 10%左右；新鮮香菇未烘乾前的水分含量高達 90%） 2. 我們要看菇類含水量對保存的影響，我們要怎麼設計實驗？ 3. 我們可以將乾香菇和鮮香菇分別放在不一樣的地方，觀察它們的變化嗎？為什麼要放在一樣的地方？（控制溫度和溼度） • 教師示範問題（預測）： 1. 你們覺得放在教室的乾香菇和鮮香菇誰會比較快壞掉？教師可以引導幼兒每天觀察不同含水量的菇類在常溫下腐敗的時間與變化，並在學習單上記錄七天菇的外觀及氣味的變化。 ★幼兒在教師的引導下，**設計**並進行**實驗**，辨識哪些變因是需要改變與維持不變的，並**提出預測**。 ★教師引導幼兒根據實驗過程，**操作**工具，進行**測量**與**記錄**。	25 分鐘	學習單 IV-1
五、等待實驗結果：IV-1 實驗進行需要時間，教師可每兩天提醒幼兒記錄香菇腐壞過程。一週後，教師和幼兒分享與討論實驗結果，統整與歸納出乾香菇較鮮香菇容易保存的結論。 ★幼兒在教師的引導下，**分享**觀察和記錄的結果。		

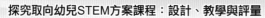

〔學習單 IV-1〕 小組成員：________________

菇菇保存紀錄表： 含水量對菇類的保存有什麼影響？		
實驗活動	控制變因：地點、溫度、濕度（維持不變）。 操縱變因：菇類含水量（唯一變動的）。 應變變因：菇類保存的情形（過程紀錄：保存時間、外觀顏色的變化、聞起來氣味的變化）。	
日期／環境	乾香菇	鮮香菇
月　日	相對溼度：______% 地點：______ 溫度：______℃ 保存時間：已放了______天 顏色：______ 氣味：______ 請畫出菇類保存的情形：	相對溼度：______% 地點：______ 溫度：______℃ 保存時間：已放了______天 顏色：______ 氣味：______ 請畫出菇類保存的情形：

主要概念	IV.菇菇的製作與保存	設計者	黃哲恩		
活動名稱	IV-2.製作乾香菇	適用年齡	中大班	教學時間	50 分鐘
課程目標	認-1-2 蒐集自然現象的訊息				
學習指標	認-大-1-2-2 觀察自然現象特徵的變化				
教學目標	幼兒能了解如何製作乾香菇，並觀察香菇烘乾過程重量和外觀的變化				

教學內容	預估時間	教學資源
一、教師引導幼兒，進行 III-3-1 透光度實驗、III-4 溼度實驗，或 IV-1 含水量實驗的觀察、測量和記錄。	10 分鐘	學習單 III-3-1、學習單 III-4、學習單 IV-1
二、教師帶領幼兒回顧乾香菇與鮮香菇的不同之處，並讓幼兒猜猜看，將鮮香菇製作成乾香菇的製作方式。幼兒說出猜測後，教師播放影片 IV-2-1《香菇曬乾保存法》，介紹曬乾是其中一種方式。 ● 教師示範問題： 1. 如何把鮮香菇變成乾香菇？（火烤、日曬、電烘、除溼） 2. 曾經在哪裡看過乾香菇？	10 分鐘	影 IV-2-1《香菇曬乾保存法》
三、教師可口頭或製作海報來向幼兒介紹果乾機的功能、原理與操作方式，亦可讓幼兒觀看影片 IV-2-2《果乾機操作方式》，了解果乾機的操作方式，以及如何使用。 ★幼兒在教師的引導下，學會工具的<u>操作</u>。		IV-2-2《果乾機操作方式》
三、教師與幼兒設計實驗，以了解烘焙時間對香菇重量的影響。香菇減少的重量即為其含水量。 ● 由於香菇烘烤時間長，可先討論實驗設計，第二天上午八點開始進行烘乾 2、4、6 小時的觀察、秤重和記錄。 ● 教師須讓幼兒理解各項變因的意義，但不需使用變因類型的名詞。 控制變因：同一批香菇、烘烤溫度（維持不變）。 操縱變因：烘烤時間（唯一變動的）。 應變變因：香菇重量、香菇外觀（顏色、大小、乾皺、軟硬）。 ● 教師示範問題： 1. 如果我們把新鮮香菇拿去烘乾，香菇會變成什麼樣子？（變色、變乾、變輕）	30 分鐘	果乾機、新鮮香菇數朵、電子秤、學習單 IV-2

教學內容	預估時間	教學資源
2. 為什麼會變輕？是因為烘乾的過程中，什麼跑掉了？ 3. 如果我們想知道是不是烘愈久，香菇變愈輕，我們可以怎麼做？（定時將香菇取出秤重） 4. 可以每兩小時把香菇取出秤重後，再換新的香菇去烘乾嗎？ 5. 可以烘的時候覺得不夠乾，就隨便升高溫度嗎？ ● 實驗流程： 1. 烘乾前，先將三朵鮮香菇秤重並記錄於學習單 IV-2「菇菇烘乾紀錄表：烘乾時間的長短對香菇的重量有什麼影響？」上。 2. 再將三朵鮮香菇放入果乾機，設定機器溫度 60℃來烘香菇。 3. 2 小時後取出三朵香菇秤重、觀察外觀，並記錄於學習單上，再將香菇放回果乾機繼續烘乾。 4. 4 小時後取出三朵香菇秤重、觀察外觀，並記錄於學習單上，再將香菇放回果乾機繼續烘乾。 5. 6 小時後取出三朵香菇秤重、觀察外觀，並記錄於學習單上。 6. 請幼兒觀察三朵香菇的外觀變化，並排序不同烘乾時間的重量。 ★幼兒在教師的引導下，**設計**並進行**實驗**。同時進行**系統性觀察**，並練習**操作**工具來進行**測量**，及做**記錄**。		
四、下堂課前，請幼兒和爸媽在家研究一道菇類食譜，可用圖片、照片或繪畫的方式呈現，並將食譜帶到學校和大家分享作法。		

〔學習單 IV-2〕 小組成員：＿＿＿＿＿＿＿＿＿＿＿＿＿＿＿＿＿＿＿＿

菇菇烘乾紀錄表：

烘乾時間的長短對香菇的重量有什麼影響？

時間／觀察	烘乾前	烘乾 2 小時	烘乾 4 小時	烘乾 6 小時
 重量	＿＿＿克	＿＿＿克	＿＿＿克	＿＿＿克
菇菇外觀：顏色、大小、乾皺、軟硬				

主要概念	IV.菇菇的製作與保存	設計者	黃哲恩		
活動名稱	IV-3.菇菇料理	適用年齡	中大班	教學時間	50 分鐘
課程目標	認-2-2 整理自然現象訊息間的關係				
學習指標	認-中-2-2-3 與他人討論動植物與生活的關係				
教學目標	幼兒能使用菇類這項食材協助完成料理				

教學內容	預估時間	教學資源
一、教師與幼兒分享課前和爸媽研究出的菇類食譜。 ● 教師示範問題： 1. 料理中出現哪幾種菇類？ 2. 食譜中是如何處理菇類的？（煎、煮、炒、炸） 3. 除了菇類之外，還有用到哪些食材？	10 分鐘	食譜
二、教師提供自己的一道食譜與食材，介紹烹煮用的器具和作法後，説明器具使用的安全問題，並和幼兒一同製作菇菇料理。 ● 料理範例：菇菇黃瓜魚丸湯 1. 材料：乾香菇 10 朵、杏鮑菇 2 朵、金針菇 1 包、鴻喜菇 1 包、魚丸 1 包、大黃瓜 1 根、鹽少許（菇的種類與數量可視班上人數及課堂需求，由教師決定）。 2. 作法：將幼兒分組，例如：負責清洗食材組、負責擺碗筷組等。烹煮前，請教師記得説明安全問題，並決定是否讓幼兒使用刀具。 (1)乾香菇簡單沖洗，以溫水泡開備用。 (2)杏鮑菇洗淨切片備用，金針菇、鴻喜菇去根部洗淨。 (3)大黃瓜洗淨切片、魚丸洗淨備用。 (4)將乾香菇、金針菇、鴻喜菇、杏鮑菇、切片大黃瓜和魚丸放入鍋中，加水淹過食材。 (5)電鍋之外鍋放入 1 杯水後，將鍋子放入電鍋，再按下開關蒸煮。 (6)待開關跳起後，加入適量鹽巴調味即完成。 ★幼兒在教師的引導下，練習操作刀具及處理食材。	30 分鐘	教師的食譜、預先採買的食材（乾香菇、杏鮑菇、金針菇、鴻喜菇、魚丸、大黃瓜、鹽） 電磁爐或電鍋
三、菇菇品嚐會：請幼兒品嚐菇菇湯，並分享過程中觀察到的現象或問題。 ● 教師示範問題： 1. 這道料理好不好吃？最喜歡料理中的哪樣食材？ 2. 不同的菇類吃起來味道有什麼不一樣？	10 分鐘	

教學內容	預估時間	教學資源
3. 料理過程中，覺得最困難的事是什麼？要如何克服？（例如：清洗食材、刀具的使用、電鍋的使用等）。 ★幼兒在教師的引導下，分享料理過程的心得與不同食材提供的口感。		
四、進入「V.菇菇的家」活動之前，應完成 III-3-1 透光度實驗、III-4 溼度實驗，或IV-1 含水量實驗的觀察、測量和記錄。 ● 教師可用海報紙歸納幼兒的觀察和測量，製作統整表，以協助幼兒比較不同生長條件下，菇類的成長情況。 ★幼兒在教師的引導下，分享實驗結果，並歸納出最適合菇類生長的條件。		海報紙、色筆 學習單 III-3-1、學習單 III-4、學習單 IV-1

※範例：透光度實驗統整表

日期	第 1 天	第 3 天	第 5 天	第 7 天	第 9 天	……
透光度高的菇寮（亮）	（菇的長度、直徑、數量）					
透光度低的菇寮（暗）						

主要概念	V.菇菇的家	設計者	林惠鈺		
活動名稱	V-1.菇菇最好的家①	適用年齡	中大班	教學時間	50 分鐘
課程目標	認-3-1 與他人合作解決生活環境中的問題 美-2-1 發揮想像並進行個人獨特的創作				
學習指標	認-大-3-1-1 與同伴討論解決問題的方法，並與他人合作實際執行 美-中-2-1-1 玩索各種藝術媒介，發揮想像並享受自我表現的樂趣				
教學目標	幼兒能夠運用素材、知識與實驗成果，與同伴合作設計菇寮				

教學內容	預估時間	教學資源
一、教師與幼兒一同回顧 III-1 中分享的繪本《嗯哼嗯哼菇菇繪本：大家的房子》和先前的實驗結果。 ● 教師與幼兒討論繪本中菇類們找尋材料、設計房子的內容，以及菇寮實驗的活動，思考適合菇類居住的房子，有哪些共通點。 ● 教師示範問題： 1. 根據先前的實驗結果，你們知道菇菇喜歡住在哪裡嗎？ 2. 繪本中有哪些菇菇設計房子的想法，你喜歡嗎？ 3. 有哪些材料比較適合作為菇菇的房子？ 4. 菇菇的家最好要有哪些部分？ 5. 根據先前的實驗活動結果，可以如何規劃房子的地點？ ★教師引導幼兒透過討論，思考菇菇適合居住的房子應如何設計及其放置地點。	10 分鐘	書 III-1《嗯哼嗯哼菇菇繪本：大家的房子》
二、請幼兒分組，畫出菇菇最好的家之設計圖。 ● 請幼兒參考繪本和實驗的討論結果來做設計。 ● 請幼兒思考設計菇菇最好的家，在學習單 V-1「菇菇最好的家——設計圖」上畫出設計圖，並記下所需要的材料和工具。 ★幼兒在教師的引導下，設計菇寮並計畫所需材料和工具。	30 分鐘	學習單 V-1、色筆、蠟筆
三、分享設計圖：各組幼兒派代表上臺報告小組設計的房子，要有哪些部分、設計重點，以及所需的材料和工具。 ● 教師可給予建議並提醒下堂課各組需準備的材料和工具。 ★幼兒在教師的引導下，分享設計圖及設計的想法。	10 分鐘	

〔學習單 V-1〕 小組成員：

菇菇最好的家——設計圖

設計圖	材料和工具

主要概念	V.菇菇的家	設計者	林惠鈺		
活動名稱	V-2.菇菇最好的家②	適用年齡	中大班	教學時間	50 分鐘
課程目標	認-3-1 與他人合作解決生活環境中的問題 美-2-1 發揮想像並進行個人獨特的創作				
學習指標	認-大-3-1-1 與同伴討論解決問題的方法，並與他人合作實際執行 美-中-2-1-1 玩索各種藝術媒介，發揮想像並享受自我表現的樂趣				
教學目標	幼兒能夠運用素材、知識與實驗成果，與同伴合作設計並製作菇寮				

教學內容	預估時間	教學資源
一、教師請幼兒將各組學習單 V-1 所列出的和帶來的材料工具做比對，並提供其他可供裝飾或使用的素材讓幼兒自由取用。 ● 教師請提醒幼兒使用剪刀或用品的安全性。	5 分鐘	學習單 V-1
二、各組依照其設計圖，運用材料開始製作菇菇的房子。 ● 若幼兒於製作過程中發現問題，教師可引導幼兒思考並修正來解決問題。 ● 教師引導幼兒利用先前實驗活動的結果（透光度低、高溼度、低溫的環境）來設計菇寮及決定菇寮的放置地點。 ★幼兒在教師的引導下，操作合適的工具與材料製作菇寮，如圖 6-10 所示。 圖 6-10 設計並製作菇寮 	35 分鐘	素材（木頭、樹枝、吸管、布料、塑膠透明片）、熱熔槍、膠帶、紙箱、白膠等

教學內容	預估時間	教學資源
三、分享實作作品（未完成）：教師引導各組幼兒介紹作品，並說出可以再修改之處。 ● 教師預告下次修正菇菇的家後，會一併舉辦菇菇分享會，讓全班同學票選出菇菇最好的家。 ★幼兒在教師的引導下，分享未完成的實作作品。		

主要概念	V.菇菇的家	設計者	林惠鈺		
活動名稱	V-3.菇菇最好的家③	適用年齡	中大班	教學時間	50 分鐘
課程目標	認-3-1 與他人合作解決生活環境中的問題 美-3-2 欣賞藝術創作或展演活動，回應個人的看法				
學習指標	認-大-3-1-1 與同伴討論解決問題的方法，並與他人合作實際執行 美-中-3-2-1 欣賞視覺藝術創作，描述作品的內容				
教學目標	1. 幼兒能夠運用素材、知識與實驗成果，與同伴合作製作菇寮 2. 幼兒進行學習成果發表				

教學內容	預估時間	教學資源
一、教師提醒各組本次是最終修改時間，要把握時間調整菇菇的家，使用學習單 V-3「菇菇最好的家——最終版」，讓幼兒提出改造方法和提出最終版的設計圖。 • 教師可適時的提供協助。 ★幼兒在教師的引導下，**操作**合適的工具與材料製作菇寮。	30 分鐘	學習單 V-3
二、菇菇最好的家：發表會。 • 教師引導各組幼兒介紹作品時能說出規劃的房子中，符合菇類生長環境之處（例如：透光低的房子、高溼度、低溫的環境等）。 • 教師可讓幼兒進行票選，選出最具人氣的「菇菇最好的家」，投票的圓形貼紙每位幼兒可拿到一張，投票時可自行貼在最喜歡的作品學習單下方之投票欄位。 ★幼兒在教師的引導下，能**分享**過程和結果。	10 分鐘	圓形貼紙、學習單 V-3
三、學習成果發表：教師運用先前幼兒的學習單和實驗成果布置會場，可安排幼兒進行分組導覽。 1. 認識菇菇組：菇類構造圖、菇類蓋印、紙黏土作品。 2. 菇菇的角色：可食菇與毒菇的繪畫、專家訪談紀錄。 3. 菇菇的生長條件：菇類透光度和溼度的實驗成果。 4. 菇菇料理和保存：乾鮮香菇含水量實驗結果、香菇烘乾實驗、菇類料理照片。		先前幼兒的學習單、實驗成果、活動照片

教學內容	預估時間	教學資源
四、頒獎時間。 ● 最具人氣的「菇菇最好的家」，該組幼兒各可獲得一個「最佳人氣獎」小獎牌。其他各組幼兒可以獲得「最努力獎」小獎牌。 ● 教師可以藉由活動鼓勵大家都很努力，都可以為自己拍拍手（勝不驕、敗不餒），並再次複習透過作品學習到的菇類知識。	10 分鐘	小獎牌

〔學習單 V-3〕小組成員：＿＿＿＿＿＿＿＿

菇菇最好的家——最終版	
改造的方法	最終版——菇菇最好的家
投票欄位（　請將貼紙貼在這）	

第七章

多元評量及學習成效

執行STEM課程的重要教學目標為協助幼兒發展科學實作，而要評量幼兒是否達到預期目標則有許多種方式，本章將逐一介紹。

一　科學實作的多元評量

（一）觀察

要如何評量幼兒的科學實作？由於幼兒的讀寫能力有限，現行常見的紙筆測驗或問卷填寫並無法在幼兒園執行，因此評量方式之一為透過對幼兒的觀察。《幼兒園課綱》說明教師可以在活動中觀察幼兒是否展現下列行為。

1.「蒐集訊息」活動

幼兒是否好奇、覺察生活環境中的符號、物件和現象？是否有系統觀察物件和現象？是否能從不同的角度探索物體？是否能運用不同的工具測量不同特徵的物品（例如：量身高和量體重可以用的工具不同）？幼兒會主動發問嗎？提出的問題是否與他要蒐集的訊息有關？會使用哪些方法將蒐集到的訊息記錄下來？

2.「整理訊息」活動

幼兒會使用各種方式整理他所蒐集到的數學訊息、自然現象及文化產物訊息嗎？是否能將蒐集到的訊息整理出自己的發現？是否會對事情主動做出預測？

3. 進行「解決問題」

幼兒對於自己的預測，是否會想辦法實驗？是否可以針對問題提出多種角度的解決方法？是否能和他人討論檢查提出解決方法的可行性？是否能接納別人的判斷？是否能接受他人否決他的想法？在實驗過程中，是否能與他人合作？實驗過程是否細心？是否有耐心等待結果？

（二）作品取樣

幼兒園教師亦可進一步運用幼兒作品取樣（work sampling）（Meisels et al., 2001）及量表方式，能夠更有系統的觀察記錄幼兒能力的發展情況，建立更細緻及具信效度的科學實作評量方式。幼兒作品取樣系統（work sampling system），包括發展指引與檢核表（development guidelines and checklists）、學習檔案（portfolios），以及摘要報告（summary reports）三項相互關聯的子系統（Meisels et al., 2001）。

1. 發展指引與檢核表

發展指引為一套標準參照（criteria-referenced）的觀察架構。教師可依課綱敘述不同年齡層幼兒之最佳表現，建構一套標準來觀察、記錄與評鑑幼兒的技能、知識、行為及成就，以了解其探究能力的發展樣貌。檢核表亦以課綱為基準，建立可用以蒐集、組織與記錄教師觀察的工具，來評鑑幼兒的行為，並提供成長與進步的概況圖。教師可針對預期的探究實作，提出需要檢核的能力向度，以及每個向度之次分類指標，並在新學年的開始、學期結束，以及學年結束等三個時間點進行評鑑，用以記錄幼兒科學實作的發展狀況。

2. 學習檔案

學習檔案為有目的的蒐集幼兒作品，包括「核心項目」為幼兒在語文、數學思考、科學思考、社會文化與藝術等五個領域的代表作品；「個人項目」包括學習札記和省思紀錄，主要呈現幼兒個人的學習興趣、經驗、態度，以及反映跨學習領域的統整能力，還可配合圖畫、計算、摘要，藉以描繪自己的學習。學習檔案可捕捉幼兒知識和實作的演進過程，並詳實記錄在教室中的經歷，藉以彰顯幼兒所投注的努力、進步與成就。學習檔案同時涉及幼兒與教師的活動，在師生共同編輯與討論的過程中，共同參與課程的決策與評量過程，以發展出新的教室活動。因此，藉由幼兒參與學習檔案的過程，可以精進其決策與反思能力，以及學習如何評鑑自己的作品。

3. 摘要報告

摘要報告係集合了檢核表與作品內容的一份文件，周延而深入描繪幼兒在每一個領域上的表現與進步。通常一年需填寫三次，內容包括學生表現等級、進步等級、學習建議與評語等相關資訊，分別提供給家庭、學校及教師留存。摘要報告有以下四項目的：(1)提供有關幼兒在各領域成就的摘要，描述幼兒平時表現與作品的優缺點；(2)提供課程與教學的規劃資訊，教師進行幼兒學習概況之際，可較了解其學習需求，因而重新審視思考教學計畫；(3)告知幼兒與家長關於幼兒的進步與表現，同時也會提供家長關於教師接下來進行的課程教學，幼兒是否發展到預期目標，以及若未達到目標的因應策略和具體協助的建議；(4)提供學校行政主管及相關教育單位有關幼兒的成就資訊。

二　幼兒科學實作之實作評量

除了以上的評量方式，過去文獻建議用以取代問卷、測量幼兒學習成效的工具，還包含搭配圖卡之短時間的情境式訪談（Peterson & French, 2008;

Samarapungavan et al., 2008），以及實作評量（performance assessment）（Dejonckheere et al., 2016; Kirkland et al., 2015; van der Graaf et al., 2018）。實作評量的形式較易測得科學相關的能力或表現，而短時間的情境式訪談可克服幼兒無法填寫問卷以及獨立接受長時間的訪談之限制。

（一）實作評量試題範例

本書第二章的表 2-1「幼兒科學實作一覽表」，提出了六項重要的科學實作：探索、提問、預測、規劃、執行、溝通。其中，執行涵蓋系統性觀察、資料蒐集、操作、實驗等次實作。作者根據上述架構，選擇在課程模組中較常使用的實作，以及有較多文獻研究的六項實作，發展了一套幼兒科學實作評量。此六項實作分別為計畫、系統性觀察、操作、測量、實驗、分享。編碼者間一致性信度為 .92，表示編碼者間同意度高，內部一致性也達到良好的標準（Cronbach's α = .84）。此實作評量共有 37 題，總分為 69 分，其中計畫有 6 題、系統性觀察 11 題、操作 4 題、測量 6 題、實驗 5 題、分享 5 題。

以下用實作評量的其中一題組作為範例，本題組共 6 題，施測員在幼兒進行科學探究情境下，評量幼兒的相關實作，此題組情境為施測員要求幼兒進行實驗設計、操作實驗、測量及分享實驗。以下說明如何透過實作評量，測得幼兒的科學實作表現。每一子題有搭配的評分規準，可用以衡量幼兒科學實作表現，依幼兒口頭表達和行為的複雜和完整程度，分別給予 0、1、2 分。

1. 請你摸摸看這兩塊東西，告訴我，它們有什麼不一樣的地方？有沒有一個是粗粗的，一個是滑滑的？〔系統性觀察 IO〕

表 7-1

問題 1 訪談過程及所需物品

	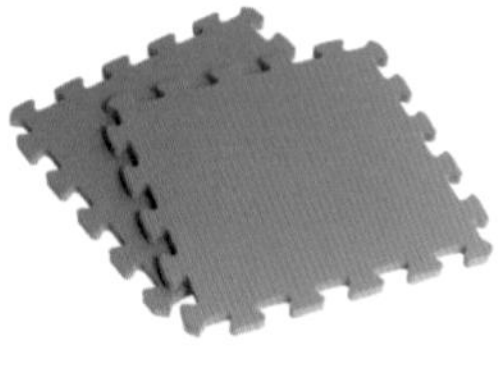	
訪談過程	巧拼	塑膠墊板

表 7-2

問題 1 評分規準

作答類別	類別描述	範例
(1)依據特定目的進行觀察過程，且做出正確的答案。	正確配對物體的粗滑或性質描述。	幼兒：這裡（墊板）冰冰滑滑的、這裡（巧拼）熱熱又舒服。
(0)未依據特定目的進行觀察過程。	未正確配對物體的粗滑或性質描述。	幼兒：這個（巧拼）比較滑滑的。

2. 我們現在要做一個實驗，看看陀螺在滑滑的東西上轉得比較久？還是在粗粗的東西上轉得比較久？你會選這裡的哪些東西做實驗？(1)你需要哪些陀螺？(2)你需要哪些墊板跟巧拼？(3)你需要計時器嗎？〔計畫 DP〕

表 7-3

問題 2 訪談過程及所需物品

訪談過程	巧拼	塑膠墊板	大型積木陀螺 2 顆、小型積木陀螺 2 顆、計時器

表 7-4

問題 2 評分規準

作答類別	類別描述	範例
(2)選取適當且足夠的器材。	選取四顆陀螺和二種不同粗滑的場地。	幼兒：〔選取大陀螺二顆、小陀螺二顆、墊板一片、巧拼一張和計時器〕。
	選取二顆相同大小的陀螺和二種不同粗滑的場地。	幼兒：〔選取大陀螺二顆、墊板一片、巧拼一張和計時器〕。
	選取一顆陀螺、二種不同粗滑的場地和計時器。	幼兒：我要這個跟這個。〔選取大陀螺一顆、墊板一片、巧拼一張和計時器〕。
(1)選取部分適當且足夠的器材。	選取適合的陀螺（四顆陀螺；或是二顆相同大小的陀螺；或是一顆陀螺和計時器）和不適合的場地（非二種不同粗滑的場地）。	幼兒：〔選取大陀螺二顆、墊板一片〕。
	選取二種不同粗滑的場地和不適合的陀螺（一顆陀螺；或是二顆不同大小的陀螺；或是三顆陀螺）。	幼兒：〔選取大陀螺一顆、小陀螺一顆、墊板一片、巧拼一張和計時器〕。
(0)未選取適當器材。	選取不適合的陀螺（一顆陀螺；或是二顆不同大小的陀螺；或是三顆陀螺）和不適合的場地（非二種不同粗滑的場地）。	幼兒：有滑的才可以轉很久，因為它滑滑的。我要這個跟這個。〔選取大陀螺一顆、墊板一片〕。
	僅選取陀螺或場地；或未完成選取。	幼兒：〔選取小陀螺一顆〕。

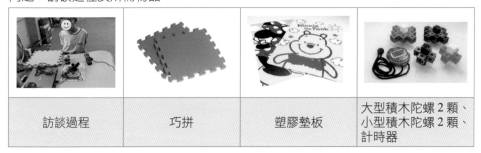

3. 你剛剛選了這些東西，為什麼你要選它們？〔計畫 DP〕

表 7-5

問題 3 評分規準

作答類別	類別描述	範例
(2)依據研究問題或實驗目的，提出完整選取器材的理由。	提出完整的實驗流程。	施測員：你剛剛選了這些東西，為什麼你要選一個滑的一個粗的？ 幼兒：因為我們要比賽。只選一個（場地）的話，二個陀螺只能比一個，所以還要再選一個（場地）。 施測員：你剛剛選了這些東西，為什麼你要選一個大的一個小的？ 幼兒：因為如果只看大的轉比較久，就說比較久，沒有看小的，這樣就不公平。
	依據場地表面影響陀螺旋轉時間的因素，針對場地、陀螺和計時器其中兩者（含）以上，提出選取的理由。	施測員：你剛剛選了這些東西，為什麼你選這些場地？ 幼兒：因為才能測試不同的地方，是不是真的有一個比較滑。 施測員：你剛剛選了這些東西，為什麼你要選這二個大陀螺？ 幼兒：因為這樣子才公平。
(1)依據研究問題或實驗目的，提出部分選取器材的理由。	僅提出實驗目的。	施測員：你剛剛選了這些東西，為什麼你要選它們？ 幼兒：看看誰比較厲害，看看哪邊可以轉比較久。
	依據場地表面影響陀螺旋轉時間的因素，針對場地、陀螺和計時器其中一者，提出選取的理由。	施測員：你剛剛選了這些東西，為什麼你要選一個滑的一個粗的？ 幼兒：因為這個（墊板）比較滑可以贏它（巧拼）。
(0)未依據研究問題或實驗目的，提出選取器材的理由。	依據無關場地表面影響陀螺旋轉時間的因素，提出選取的理由。	施測員：你剛剛選了這些東西，為什麼你要選一個小的？ 幼兒：因為這樣比較厲害。
	未明確提出選取的理由。	施測員：你剛剛選了這些東西，為什麼你要選它們？ 幼兒：搖頭。

4. 你選了這些東西，那請你做一次實驗給我看。〔實驗 IE〕

表 7-6

問題 4 評分規準

<table>
<tr><th>作答類別</th><th>類別描述</th><th>範例</th></tr>
<tr><td rowspan="2">(2)在控制適當變因的情況下，操縱變因進行實驗。</td><td rowspan="2">於二種不同粗滑的場地（操縱變因）旋轉二顆相同大小的陀螺或同一顆陀螺（控制變因）。</td><td>施測員：你選了這些東西，那請你做一次實驗給我看。
幼兒：〔先讓二顆大陀螺同步於桌子上旋轉〕，〔再讓二顆大陀螺分別於墊板與桌子上旋轉〕。</td></tr>
<tr><td>幼兒：〔先讓大陀螺於巧拼上旋轉〕，〔再讓大陀螺於墊板上旋轉〕。</td></tr>
<tr><td rowspan="2">(1)進行實驗時，僅能達到控制變因或操縱變因的其中之一。</td><td>於同一種表面的場地（錯誤的操縱變因）旋轉二顆相同大小的陀螺或是同一顆陀螺（控制變因）。</td><td>施測員：你選了這些東西，那請你做一次實驗給我看。
幼兒：〔先讓二顆小陀螺於巧拼上旋轉並請訪談者協助計時〕，〔再讓二顆大陀螺於墊板上旋轉並請訪談者協助計時〕。</td></tr>
<tr><td>於二種不同粗滑的場地（操縱變因）旋轉二顆（含）以上不同大小的陀螺（錯誤的控制變因）。</td><td>施測員：你選了這些東西，那請你做一次實驗給我看。
幼兒：〔先讓大陀螺於墊板上旋轉〕，〔再讓小陀螺於巧拼上旋轉〕，〔請訪談者計時〕。
施測員：你為什麼沒有用一樣的陀螺？
幼兒：我想要不一樣。</td></tr>
<tr><td>(0)未根據操縱變因或控制變因進行實驗。</td><td>於同一種表面的場地（錯誤的操縱變因）旋轉不同大小的陀螺或非同一顆陀螺（錯誤的控制變因）。</td><td>幼兒：〔將小陀螺疊在一起於桌上旋轉〕，〔將大陀螺疊在一起於桌上旋轉〕。
施測員：剛剛你也有選墊板跟巧拼，那你要怎麼做？
幼兒：〔將小大陀螺疊在一起並於墊板上旋轉〕，〔未讓任何陀螺於巧拼上旋轉〕。</td></tr>
</table>

5. 請你用計時器幫我測量這（些）陀螺旋轉的時間。等你說開始，我就開始旋轉陀螺。請你告訴我這個陀螺旋轉的時間是多少？〔測量 IM〕

表 7-7

問題 5 評分規準

作答類別	類別描述	範例
(3)正確操作工具和辨識數字，並使用單位。	正確使用計時器測量，且正確辨識秒數，並使用正確的單位。	幼兒：2 秒〔幼兒操作計時器並於墊板上旋轉小陀螺〕。 幼兒：1 秒〔幼兒操作計時器並於巧拼上旋轉小陀螺〕。
	正確使用計時器測量，且正確辨識秒數，但使用錯誤的單位。	幼兒：6 分〔幼兒操作計時器並於墊板上旋轉大陀螺〕。 幼兒：2〔幼兒操作計時器並於墊板上旋轉小陀螺〕。
(2)正確操作工具和辨識數字，但未使用單位。	正確使用計時器測量，且正確辨識秒數，但未使用單位。	幼兒：003〔幼兒操作計時器並於巧拼上旋轉大黑陀螺〕。
(1)僅正確操作工具；或是僅正確辨識數字。	僅正確使用計時器測量。	幼兒：0013〔幼兒操作計時器並於墊板上旋轉小陀螺〕。
	僅正確辨識秒數（無論是否有使用單位）。	幼兒：9〔幼兒操作計時器並於墊板上旋轉陀螺，但隨意按停計時器〕。
(0)錯誤操作工具且無法辨識數字。	未正確使用計時器測量和辨識秒數。	幼兒：30〔幼兒操作計時器並於巧拼上旋轉小陀螺〕（需提示按停時機）。

6. 如果你要跟別的小朋友講你實驗的這個結果的話，你會怎麼說？〔分享 CS〕

表 7-8
問題 6 評分規準

作答類別	類別描述	範例
(2)詳述實驗結果。	說出實驗結果，包含旋轉場地材質和旋轉時間的描述（測得的時間）。	施測員：如果你要跟別的小朋友講這個實驗結果的話，你會怎麼說？誰轉得比較久？ 幼兒：我會說在粗的地方很容易就倒下來，在滑的地方轉得比較久。
	說出實驗結果，包含旋轉場地材質或旋轉時間的描述。	施測員：如果你要跟別的小朋友講這個實驗結果的話，你會怎麼說？誰轉得比較久？ 幼兒：我會說是滑滑的贏了。
(1)描述部分實驗結果或流程。	僅說出部分的實驗流程或實驗結果。	施測員：如果你要跟別的小朋友講這個實驗結果的話，你會怎麼說？誰轉得比較久？ 幼兒：要選墊板。
(0)描述與實驗無關之內容。	說出與陀螺旋轉無關的內容；或是未作答。	幼兒：如果這個（大白陀螺）撞飛就輸了。如果沒撞飛就贏了。

（二）研究結果

作者邀請臺灣北部地區五所幼兒園共六個班級實施「陀螺」方案課程模組，兩班位於城市地區，四班位於原住民地區。在課程進行前後，用上述之幼兒科學實作評量對參與幼兒進行前後測，共有 98 位幼兒參與研究，包含 46 位男生及 52 位女生，其中 4 歲組幼兒 35 位、5 歲組幼兒 63 位，平均年齡為 5 歲 7 個月。

使用相依樣本 t 檢定分析科學實作總和及各項實作的前後測差異，結果顯示：幼兒科學實作總和分數在前後測分數上達顯著差異〔$t(97) = 13.48, p < .001, ES = 1.36$〕，表示在參與「陀螺」方案課程模組後，幼兒整體的科學實作有顯著進步，其效果量也很大（Cohen, 1988）。關於各實作表現的前後

測差異，從表 7-9 可見，幼兒在計畫〔t（97）=6.76, p<.001, ES=0.68〕、系統性觀察〔t（97）=9.78, p<.001, ES=0.98〕、操作〔t（97）=7.08, p<.001, ES=0.73〕、測量〔t（97）=8.27, p<.001, ES=0.83〕、實驗〔t（97）=4.74, p<.001, ES=0.48〕、分享〔t（97）=4.17, p<.001, ES=0.43〕，皆達顯著差異，證明在參與課程後，幼兒在各實作中皆有顯著進步。而這些差異的效果量，以系統性觀察及測量的效果量最大，計畫及操作為中等，實驗及分享則較低。

表 7-9

全體幼兒之相依樣本 t 檢定結果

實作	測驗	總數	平均數	標準差	平均差	t	p	ES
計畫	前測	98	4.07	1.52	1.43	6.76	<.001	0.68
	後測		5.50	1.84				
系統性觀察	前測	98	10.31	2.63	1.84	9.78	<.001	0.98
	後測		12.14	2.41				
操作	前測	98	2.24	0.73	0.57	7.08	<.001	0.73
	後測		2.82	0.71				
測量	前測	98	8.76	2.53	1.91	8.27	<.001	0.83
	後測		10.66	2.23				
實驗	前測	98	2.20	1.54	1.02	4.74	<.001	0.48
	後測		3.22	1.93				
分享	前測	98	3.24	1.98	0.64	4.17	<.001	0.43
	後測		3.89	1.93				
總和	前測	98	30.83	7.02	7.41	13.48	<.001	1.36
	後測		38.23	7.73				

進一步分析 4 歲組及 5 歲組幼兒的資料發現，兩組幼兒的實作總和分數在前後測皆達顯著差異（如表 7-10 所示），表示兩組幼兒在科學實作上均有顯著進步（4 歲組，ES=1.59；5 歲組，ES=1.26）。而在各項實作表現上，4 歲組幼兒在各實作上皆有顯著進步，效果量介於 0.53 至 1.56 之間；5 歲組幼兒之各實作也皆有顯著進步，效果量介於 0.35 至 1.02 之間。此結果證明「陀螺」方案課程模組能有效提升兩年齡組幼兒之科學實作表現。

表 7-10

4 歲組及 5 歲組之相依樣本 *t* 檢定結果

實作	測驗	總數	平均數	標準差	平均差	*t*	*p*	*ES*
4 歲組								
計畫	前測	35	3.83	1.69	1.29	3.16	.003	0.53
	後測		5.11	1.91				
系統性觀察	前測	35	9.14	2.99	1.83	5.43	< .001	0.92
	後測		10.97	2.82				
操作	前測	35	2.14	0.81	0.51	3.72	.001	0.64
	後測		2.66	0.68				
測量	前測	35	7.00	2.35	3.37	9.25	< .001	1.56
	後測		10.37	2.46				
實驗	前測	35	1.74	1.40	0.86	3.26	.003	0.55
	後測		2.60	1.52				
分享	前測	35	2.74	1.92	0.86	3.30	.002	0.56
	後測		3.60	1.87				
總和	前測	35	26.60	7.12	8.71	9.39	< .001	1.59
	後測		35.31	8.35				
5 歲組								
計畫	前測	63	4.21	1.42	1.51	6.27	< .001	0.79
	後測		5.71	1.78				
系統性觀察	前測	63	10.95	2.17	1.84	8.13	< .001	1.02
	後測		12.79	1.88				
操作	前測	63	2.30	0.69	0.60	6.03	< .001	0.76
	後測		2.90	0.71				
測量	前測	63	9.73	2.07	1.10	4.50	< .001	0.57
	後測		10.83	2.10				
實驗	前測	63	2.46	1.56	1.11	3.68	< .001	0.46
	後測		3.57	2.05				
分享	前測	63	3.52	1.97	0.52	2.73	.008	0.35
	後測		4.05	1.96				
總和	前測	63	33.17	5.81	6.68	9.98	< .001	1.26
	後測		39.86	6.91				

三 幼兒科學實作之檢核表

檢核表為另一種常用來評量幼兒科學實作發展的方式。作者結合在上述研究課堂中觀察到的幼兒科學實作表現及評量結果，發展出幼兒科學實作檢核表（如表 7-11 所示）。每項幼兒科學實作可分為不同發展程度，供教師在設定 STEM 課程的教學目標之參考，以及作為評估幼兒科學實作表現發展之依據。

表 7-11
幼兒科學實作之檢核表

科學實作	程度（低至高）	說明	符合
初步觀察	描述一個特徵	幼兒可以具體描述所觀察現象的一個特徵。	□
	描述一個以上特徵	幼兒可以具體描述所觀察現象一個以上的特徵。	□
初步嘗試	探索與嘗試	幼兒進行初步的探索與嘗試。	□
	主動發現	幼兒進行探索與嘗試後，產生疑問或描述現象。	□
提出預測	提出預測	幼兒針對問題的答案或可能的結果提出多種猜測。	□
	解釋原因	幼兒除了針對問題的答案或可能的結果提出多種猜測，並能解釋預測的原因。	□
聚焦	教師聚焦	由教師從眾多可能答案或解釋中，挑選最有可能的答案（問題所涉及的重要因素），幼兒表示認同。	□
	學生聚焦	教師引導幼兒從眾多可能答案或解釋中，挑選最有可能的答案（問題所涉及的重要因素）。	□
計畫*	部分提出	幼兒在計畫探究活動（如實驗）與製作物品流程時，能選取部分要使用的器材、材料或進行工作分配；或能提出選取部分器材的理由。	□
	完整提出	幼兒在計畫探究活動（如實驗）與製作物品流程時，能選取完整要使用的器材、材料或進行工作分配；或能提出選取完整器材的理由。	□

表 7-11
幼兒科學實作之檢核表（續）

科學實作	程度（低至高）	說明	符合
設計	部分變因	幼兒能決定部分探究活動或製作物品的步驟，例如：設計部分的實驗步驟與變因。	□
	完整變因	幼兒能決定完整探究活動或製作物品的步驟，例如：設計完整的實驗步驟與變因。	□
系統性觀察*	部分觀察	幼兒依據特定目的進行觀察過程，且做出部分完整或部分正確的觀察。觀察過程可包含分類、命名、比較、排序。	□
	完全觀察	幼兒依據特定目的進行觀察過程，且做出完整或正確的觀察。觀察過程可包含分類、命名、比較、排序。	□
操作*	選取但非正確操作	幼兒能選取適當的工具與設備進行探究活動或製作物品，但沒有正確操作工具與設備；或幼兒選取不適當的工具與設備。	□
	正確選取及操作	幼兒能選取適當的工具與設備進行探究活動或製作物品，並能正確操作工具與設備。	□
測量*	工具或數字	幼兒僅正確操作測量工具或僅正確辨識數字；或簡略描述如何操作工具。	□
	工具與數字	幼兒能正確操作測量工具和辨識數字，但未使用單位；或完整描述如何操作工具。	□
	工具、數字與單位	幼兒能正確操作測量工具和辨識數字，並使用單位。	□
記錄	教師指導	幼兒透過教師的指導，呈現符合教師指導的紀錄。	□
	自行記錄	教師無介入引導，幼兒能自行完成記錄。	□
實驗*	指出一或二項變因	幼兒能指出操縱變因、控制變因和應變變因之中的任一種或二種變因。	□
	指出所有變因或關係	幼兒能指出操縱變因、控制變因和應變變因；或說明操縱變因和應變變因的關係。	□
分享*	部分分享	幼兒在探究活動或製作物品後，可以表達部分想法或結果，如實驗流程、器材或實驗結果。	□
	完整分享	幼兒在探究活動或製作物品後，可以表達完整想法或結果，如實驗流程、器材或實驗結果。	□

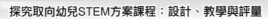

表 7-11
幼兒科學實作之檢核表（續）

科學實作	程度（低至高）	說明	符合
討論	一次討論	幼兒能將自己的想法與他人（同儕、教師）一次來回討論。	□
	多次討論	幼兒能將自己的想法與他人（同儕、教師）多次來回討論。	□

註：*為幼兒科學實作評量項目。

參考文獻

Cohen, J. (1988). *Statistical power analysis for the behavioral sciences* (2nd ed.). Sage.

Dejonckheere, P. J. N., de Wit, N., van de Keere, K., & Vervaet, S. (2016). Exploring the classroom: Teaching science in early childhood. *European Journal of Educational Research, 5*(3), 149-164. https://doi.org/10.12973/eu-jer.5.3.149

Kirkland, L. D., Manning, M., Osaki, K., & Hicks, D. (2015). Increasing logico-mathematical thinking in low SES preschoolers. *Journal of Research in Childhood Education, 29*(3), 275-286. https://doi.org/10.1080/02568543.2015.1040901

Meisels, S., Bickel, D., Nicholson, J., Xue, Y., & Atkins-Burnett, S. (2001). Trusting teachers' judgments: A validity study of a curriculum-embedded performance assessment in kindergarten to Grade 3. *American Educational Research Journal, 38*(1), 73-95. https://doi.org/10.3102/00028312038001073

Peterson, S. M., & French, L. (2008). Supporting young children's explanations through inquiry science in preschool. *Early Childhood Research Quarterly, 23* (3), 395-408. https://doi.org/10.1016/j.ecresq.2008.01.003

Samarapungavan, A., Mantzicopoulos, P., & Patrick, H. (2008). Learning science through inquiry in kindergarten. *Science Education, 92*(5), 868-908. https://doi.org/10.1002/sce.20275

van der Graaf, J., Segers, E., & Verhoeven, L. (2018). Experimentation abilities in kindergarten children with learning problems. *European Journal of STEM Education, 3*(3), 13. https://doi.org/10.20897/ejsteme/3873

國家圖書館出版品預行編目（CIP）資料

探究取向幼兒 STEM 方案課程：設計、教學與評量／
辛靜婷、吳心楷著. --初版.--新北市：心理出版社
股份有限公司，2021.11
面；　公分.--（幼兒教育系列；51220）
ISBN 978-986-0744-43-9（平裝）

1.科學教育 2.幼兒教育 3.課程規劃設計 4.教學法

523.2　　　　　　　　　　　　110017531

幼兒教育系列 51220

探究取向幼兒 STEM 方案課程：設計、教學與評量

作　　者：辛靜婷、吳心楷
總 編 輯：林敬堯
發 行 人：洪有義
出 版 者：心理出版社股份有限公司
地　　址：231026 新北市新店區光明街 288 號 7 樓
電　　話：(02)29150566
傳　　真：(02)29152928
郵撥帳號：19293172　心理出版社股份有限公司
網　　址：https://www.psy.com.tw
電子信箱：psychoco@ms15.hinet.net
排 版 者：辰皓國際出版製作有限公司
印 刷 者：辰皓國際出版製作有限公司
初版一刷：2021 年 11 月
I S B N：978-986-0744-43-9
定　　價：新台幣 400 元